FORMACIÓN POR COMPETENCIAS

FORMACIÓN POR COMPETENCIAS

Una perspectiva latinoamericana

MARITZA ALVARADO NANDO

COORDINADORA

Diseño de portada: Imelda Hernández

RED DE ACADÉMICOS
DE IBEROAMÉRICA A.C.

Para realizar pedidos de este libro, contacte con:
Palibrio LLC
1663 Liberty Drive
Suite 200
Bloomington, IN 47403
Gratis desde EE. UU. al 877.407.5847
Gratis desde México al 01.800.288.2243
Gratis desde España al 900.866.949
Desde otro país al +1.812.671.9757
Fax: 01.812.355.1576
ventas@palibrio.com
488299

El dictamen de los artículos fue realizado por investigadores reconocidos en el campo de la formación adscritos a universidades públicas y privadas como la Universidad Privada del Norte, Perú; Instituto Transdisciplinario de la Consciencia, A. C. así como a la Red de Académicos de Iberoamérica, A.C.

Romy Angélica Díaz Fernández (UPN-Perú)
Gabriela Flores Talavera (ITEC-México)
Integrantes del *Seminario Permanente de Formación
de profesionales de la educación* (CDC-México)

ÍNDICE

Presentación

Actualmente la presión social respecto a la profesionalización representa desde el discurso oficial un estímulo al desarrollo de las habilidades docentes. Se cree que a partir de la implementación de nuevos planes de estudio con enfoques formativos centrados en competencias urge a los sistemas educativos para diseñar otras estrategias para la actualización pedagógica.

Iniciar por la definición de conceptos sobre las mismas competencias viene a ser no solo una necesidad sino también un requerimiento de todo investigador para adentrarse en el camino tortuoso de entender a qué le llamamos competencias. Las competencias son un término polisémico que se puede definir, en su acepción más generalizada, como el conjunto de capacidades, habilidades, destrezas y aptitudes que permiten resolver una tarea académica o profesional.

En buena parte de la legislación, tanto internacional como latinoamericana no existe un concepto único de *competencia*, por lo menos no a nivel de la definición por lo que a partir de diferentes aportaciones se ha llegado a la conclusión de que esta realidad se liga a la acción. Tiene un carácter práctico relacionándose con una respuesta a una situación compleja y cambiante que puede ser desconocida por el sujeto (Alonso Martín, 2010).

El concepto tiene varias dimensiones lo que implica realidades como saber, saber hacer (procedimientos o habilidades) y saber ser (actitudes).

Lo anterior plantea un reto importante al profesorado puesto que si bien son trascendentes los conocimientos no suelen ser suficientes porque adquieren significado en determinadas situaciones y llegan a tener un carácter instrumental (Perrenoud, 1999).

Un elemento importante de las competencias que no se puede pasar por alto se refiere a la idoneidad, conducta observable que se puede evaluar a través de unos criterios claros (Rué Domingo, 2007).

El concepto de *competencia* se desarrolló en un primer momento en los años sesenta y setenta en Estados Unidos de Norteamérica y Gran Bretaña y su impacto se ha visto en países europeos y de América Latina.

De esta manera la inserción de las *competencias* en el andamiaje de la educación superior para convertirlas en su eje central para la formación de profesionistas se relaciona con la flexibilidad de los planes y programas de estudio que deben ser congruentes con las necesidades de la sociedad y del sistema productivo que sostienen que las reformas implican una mejora de las condiciones de vida y la formación de la población.

Los trabajos que aquí se presentan se relacionan con estudios desarrollados en torno a los cambios que se implementan en las universidades y las bondades de su inserción así como otros, muestran las dificultades que han presentando en la práctica para formar por competencias.

En el campo de lo educativo la noción de competencia que se utiliza de manera acostumbrada se orienta desde diferentes paradigmas y ámbitos teóricos.

Desde este planteamiento se revisan y muestran los resultados de estudios llevados a cabo por los autores de este libro, en las diferentes instituciones educativas a partir de tres bloques: *Procesos de enseñanza, tutoría y aprendizaje en la formación por competencias; Cambio, gestión y liderazgo en la utopía de competencias; En busca de nuevas perspectivas ante retos actuales.*

Las experiencias descritas por cada uno de ellos y los acercamientos teóricos que aportan con sus hallazgos muestran la gama de posibilidades que toman las competencias según el contexto desde el que se estudian, el nivel educativo en donde se concreta el trabajo de indagación, el ámbito en el que ocurre la formación así como los enfoques teórico-metodológicos que asumen los estudiosos del tema para explicarlas.

Los autores de esta obra muestran sus experiencias investigativas para incorporar cambios en las prácticas educativas y de planeación institucional. Todos, al final de cuentas, otorgan un compendio de experiencias que muestra una imagen muy cercana a la manera en que los países involucrados (Colombia, Ecuador, México, Perú y Venezuela) han avanzado en la construcción, tanto del concepto de *competencias* como en la utilidad del enfoque para la formación de niños, adolescentes y jóvenes.

En sus planteamientos finales, en las consideraciones y conclusiones que describen en cada estudio proponen estrategias creativas que sirvan para que el profesorado y los sujetos clave de los sistemas educativos entiendan las exigencias de un mundo complejo y se orienten al abandono de las prácticas educativas obsoletas, así como que colaboren en el diseño de nuevas estrategias metodológicas para la formación centrados en una nueva docencia que ayude a tener una mejor comprensión acerca de la realidad educativa a la que deberán de incorporarse para actuar ante los cambios curriculares que los modelos educativos están reconstruyendo, siendo capaces de reajustar sus procesos de autoformación para el diseño de sus trayectos formativos.

La formación por competencias: una perspectiva latinoamericana, es un espacio de reflexión desarrollado por investigadores y profesores de reconocido prestigio en el ámbito educativo en sus diversas instituciones y universidades.

PROCESOS DE ENSEÑANZA, TUTORÍA Y APRENDIZAJE EN FORMACIÓN POR COMPETENCIAS

Calidad en la enseñanza aprendizaje en la formación por competencias en tutores

Maritza Alvarado, Víctor Rosario[1]

Las dependencias de educación superior se enfrentan en el siglo XXI con la exigencia de verdaderas transformaciones sustentadas en un nuevo paradigma para la formación integral de estudiantes, circunscrito en un enfoque humanista, que estimule en ellos mayor responsabilidad en su aprendizaje y mayor capacidad de iniciativa en el aprendizaje autodirigido: aprender a aprender, aprender a hacer y aprender a ser.

La necesidad de contar con recursos humanos instruidos en dependencias de educación superior, en campos de docencia y tutoría, hoy cobra gran importancia, pues en su interior es donde se verifican las acciones idóneas para instrumentar sus programas educativos, mejorar la formación de recursos humanos y gestionar medios económicos suficientes para hacerlas viables.

Asimismo, se advierte una creciente demanda por impulsar estudios orientados a generar propuestas y procesos de evaluación, indispensables al mejorar la enseñanza y los procesos de aprendizaje en alumnos de

---

[1]   Maritza Alvarado Nando, Centro Universitario de Ciencias de la Salud; Víctor Manuel Rosario Muñoz, Centro Universitario de Ciencias Económico-Administrativas, de la Universidad de Guadalajara, Jalisco, México.

licenciatura. Los resultados de los mismos, ayudaron a concretar nuevos diagnósticos sobre la formación de los alumnos y evaluaciones sobre el impacto de la tutoría en la mejora de aprendizajes.

Plantear los «cómo» durante la instrucción por competencias ha requerido, en cada una de las diferentes profesiones, modificar el nexo centrado en el aprendizaje, a fin de perfilar un estudiante universitario que interactúe a lo largo de su formación académica y social, y afine su sentido de responsabilidad, creatividad y liderazgo en los entornos social y profesional. Así, en la formación de las competencias profesionales integrales en el campo de las ciencias de la salud, la tutoría es parte fundamental en la configuración de los egresados.

En el modelo educativo del Centro Universitario de Ciencias de la Salud, de la UdeG, se integran modos de operación y prácticas educativas que estimulan el desarrollo de nuevas capacidades, traducidas en competencias profesionales; además, se centra en necesidades, estilos de aprendizaje y aptitudes básicas de cada individuo para impulsar la formación integral.

En dicho modelo, se incorporan además valores y principios, tanto en su fundamentación teórica y estructura como en la operación y práctica educativa, con el propósito de formar y desarrollar, en profesionales de la salud, una mayor conciencia ciudadana.

En este centro académico (CUCS), se concreta y formaliza su proyecto educativo según planes y programas de estudio en sus diversas carreras. En dichos planes se plasma la delimitación del campo profesional, basada en necesidades sociales, requerimientos del mundo de trabajo, avances disciplinarios, así como valores y principios que promueve la institución.

Para el diseño curricular, aquí se ha trabajado con base en competencias integrales[2]. Este enfoque parte de los problemas inherentes al ejercicio profesional como estrategia para evaluar, ajustar y modificar

---

[2] Las competencias integrales son aquellos saberes de alta complejidad, que articulan conocimientos generales, conocimientos profesionales y

el *currículum*; de este modo se transforma de fondo la práctica educativa, con el objeto de hacerla realmente orientadora, inductora en el desarrollo de nuevas capacidades en alumnos. Por lo anterior, el enfoque por competencias es capaz de satisfacer exigencias y requerimientos de un nuevo concepto de plan de estudios y en el perfil de egresados en las diversas carreras de dicho centro universitario (CUCS, 2001).

Los modelos curriculares según este enfoque, se basan en el principio de autonomía responsable. Una de las bondades de este tipo de modelos, es que en el programa educativo se da prioridad a la toma de decisiones de los involucrados: académicos, estudiantes, administrativos y directivos, sustanciados fuertemente en la gestión y administración institucional.

Según dicho esquema, los programas educativos enfrentan nuevos retos. Uno de ellos consiste en contar con una estructura por áreas formativas, ya que en tales áreas no se pierde de vista la constitución de perfiles profesionales. La estructura, como vía de organización, posibilita en alumnos el logro de aprendizajes y construcción de saberes, desde una perspectiva constructiva en que prevalece el aprendizaje mediante el descubrimiento permanente de sus propias capacidades y atributos personales.

La implementación del programa de desarrollo curricular (PDC) y su estrategia de aplicación y desarrollo, se plantearon, para cada programa educativo (PE), algunos propósitos:

- Promover la adquisición de habilidades de aprendizajes autónomos y significativos, por medio de la vinculación de conocimientos escolares según situaciones, problemas, interrogantes y desafíos cotidianos que han de enfrentar en las carreras.
- Generar ambientes de aprendizaje que promuevan la creatividad en aulas interactivas y virtuales, romper espacios tradicionales y facilitar el tránsito escolar.

---

experiencias de desempeño. Para mayor información, véase: «Desarrollo curricular por competencias profesionales integrales» (Castellanos, 2000).

- Favorecer esquemas de autoevaluación y autocrítica, combinados con la evaluación de pares.
- Impulsar programas permanentes de educación continua, propicios para mantener actualizados a los egresados.

Al caracterizar la calidad en la enseñanza por competencias, es primordial abordar el tema de la formación integral[3], la cual se entiende como procesos educativos en que se toma en cuenta y percibe a los sujetos en su totalidad, según sus conocimientos, aptitudes, actitudes, emociones, habilidades, valores, con una visión holista y multidimensional del ser humano.

Lo anterior ha significado centrar los planes de estudios de todas las carreras en el aprendizaje, en el desarrollo de competencias generales y específicas, con una perspectiva multidisciplinaria, cuyos conocimientos, habilidades, actitudes y valores han de estar construidos en concordancia con el contexto histórico, cultural, económico y político, sin olvidar el desarrollo físico y moral del individuo.

Además, en la adquisición del saber se prevén diversas dimensiones, y no sólo la referida a conocimientos, pues consideramos que, en ese proceso, entran en juego todas las capacidades del sujeto, y la significación de experiencias es lo que favorece el aprendizaje.

De forma análoga, el conocimiento sobre las propias emociones y la capacidad para expresarlas y vivirlas en el educando, influye y determina el rendimiento académico, capacidad de asimilación, proclividad al estudio y creación de hábitos para el trabajo escolar.

En el actual contexto académico del CUCS, se demandan nuevas metodologías y estrategias para establecer el vínculo pedagógico, centrado en el aprendizaje integral, a fin de perfilar un estudiante universitario activo en sus procesos formativo y social, con sentido de responsabilidad, creatividad y liderazgo, vía su interacción con los entornos comunitario y

---

[3]   Para profundizar en este tema, se puede consultar el libro *La educación encierra un tesoro*, de Jacques Delors.

profesional, orientado por un profesor-tutor con similares características y perfil.

Contar con un programa de instrucción integral tiene, entre otras, las ventajas siguientes: en alumnos, favorece construir un perfil profesional individualizado en intereses y aptitudes, apto para el avance según el ritmo individual; además, posibilita mejorar su rendimiento académico, crea condiciones para incrementar la autonomía y la responsabilidad del estudiante, favorece el vínculo temprano con el ámbito laboral.

En el docente, se favorece hacer óptimo su desempeño profesional mediante un trabajo académico diversificado, que le provee reconocimiento formal y le da a elegir, entre una gama de actividades, aquéllas que mejor se adapten a sus intereses y aptitudes. Además, le posibilita una actualización permanente en su campo profesional.

Con respecto al CUCS, este centro también se ve favorecido, ya que se eleva la calidad en la enseñanza y se amplía y actualiza la oferta educativa. Dicha flexibilidad en el sistema de créditos para este modelo académico, ha probado su eficacia con el abatimiento de reprobación y deserción.

Además, ha permitido crear modelos de trabajo que favorecen la agilidad y eficacia en procesos administrativos, diseño de reglas en movilidad, intercambio e internacionalización de profesores y alumnos.

En el sistema instrumentado entre 1998 y 2009 para carreras de ciencias de la salud, se incorporó a la función docente universitaria la actividad tutorial[4]. Su labor es ya distinta de la mera docencia, pese a estar estrechamente ligada a materias y niveles por los que se transitan en cada ciclo escolar.

En este contexto, se ha asumido de manera explícita que la orientación y apoyo brindados a alumnos de medicina, psicología, enfermería, nutrición, cultura física y deportes y odontología, tanto en

---

[4]   Con la consolidación del Programa institucional de tutoría, en el 2003, y a partir del dictamen emitido por el Consejo de Centro (CUCS, 2003), se incorpora la tutoría a la función docente.

conocimientos como en habilidades complementarias al estudio, en aspectos vinculados al desarrollo de habilidades humanas y de madurez personal, así como en habilidades sociales adquiridas durante la trayectoria universitaria, coadyuvan en la preparación profesional elegida y favorecen el éxito académico aún después de haber egresado.

Lo anterior suscita interrogantes que se demanda resolver de inmediato, a fin de continuar con la instrumentación de acciones de tutoría. Muchas de ellas nos llevan a cuestionarnos el fin de la tutoría universitaria, y ha sido, en este marco, en que se desencadenan diversos estudios incorporados al Programa de evaluación curricular por competencias, que a se impulsó en el centro (CUCS-UdeG, 2008).

Las intervenciones de un tutor sólo tienen valor si se apoyan en un diagnóstico serio sobre las necesidades en el tutelado. ¿Cómo actuar en el momento oportuno con este último, si no se dispone de información creíble alguna sobre los problemas y dificultades que encara desde la perspectiva del aprendizaje?

En un estudio realizado entre 2006 y 2010, se observaron distinciones de un tutor a otro; por ejemplo, en cómo algunos de ellos utilizaban formas y estrategias diversas para orientar en el aprendizaje a ciertos tutelados, al momento de resolver tareas de tipos conceptual e instrumental.

Los resultados reflejan diferencias en sensibilidad ante los mensajes emitidos por los tutelados. En este caso, algunos tutores respondían más a menudo a sus peticiones: dar nuevas instrucciones, volver a formular una consigna, retroalimentar una información mal comprendida, entre otras, son intervenciones que algunos tutores realizaban parcial o imperfectamente, mientras que otros las ejecutaban de modo correcto.

Lo anterior es consecuencia de que no todos poseen el mismo índice de sensibilidad. Los del segundo caso interpretan mucho mejor los mensajes verbales —una demanda de clarificación, de consejo— y no verbales —un signo de incomprensión, una mirada interrogadora— en los tutelados.

Entonces, no sorprendió que las mejores prestaciones sean la de los tutelados guiados por tutores con mayor experiencia o más motivados en su tarea. Cuanto más atentos y receptivos se muestran los tutores ante necesidades en sus tutelados, más los colocan en condiciones de aprendizaje favorable.

Concretamente, este aspecto descuella en carreras como medicina. Cuando se ha invitado a estudiantes a evaluar las cualidades de sus tutores, destaca esta sensibilidad a sus necesidades.

Aparte del hecho de que aprecian y reconocen a los tutores competentes en el dominio médico, capaces de hacerles progresar, también sienten apego por la atención que éstos les prestan. La escucha a sus demandas y dificultades, se asocia con la imagen de un tutor comprensivo y cercano a los estudiantes.[5]

De esta manera, la gestión en calidad del aprendizaje cobra relevancia al unir las dos vertientes en la práctica educativa: profesor-tutor y alumno.

El estudio permitió además identificar un pendiente medular en la enseñanza, vinculado con la falta de formación en profesores y tutores universitarios para orientar alumnos durante la construcción de aprendizajes.

El problema en el ámbito magisterial, ha sido durante la última década, uno de los campos educativos más cargados de interés, proyectos y expectativas de cambio por la comunidad científica internacional y, de manera particular, en nuestro país, plenamente inmerso en un periodo de reestructuración político-social del sistema educativo.

La formación del profesorado en todos los niveles (básica y superior) ha pasado de ser una vieja aspiración, una idea o tal vez una simple necesidad, a devenir en todo un paradigma, al punto de replantearse los modelos educativos que a su vez generan nuevas líneas de investigación, circunstancias, problemas y actitudes capaces de modificar el diario quehacer académico en muchos de estos profesionales y que, en múltiples

---

[5]   Los resultados de la investigación referida, se pueden consultar en el reporte de la misma. Fue financiada y apoyada su publicación por el Programa de mejoramiento del profesorado (Promep), del 2005 al 2008.

formas, puede significar un cambio en la enseñanza, en particular, y en la política curricular, en general.

La formación docente es el centro en que se articulan creatividad, innovación, originalidad, ingenio, aprendizaje significativo, términos muy utilizados en estos días en educación superior, incluso en enseñanza básica y media superior. Según Rodríguez (1995), dos elementos intervienen en el concepto de creatividad: producción de algo nuevo, que además sea valioso.

En esta publicación partimos de entender que la realidad es concebida como un proceso en continuo cambio, por lo cual se debe tener flexibilidad en la forma de abordarla. De esta manera, el conocimiento es un proceso biológico, cognitivo, lingüístico, cultural, social e histórico, vinculado a la vida humana y la relación social (Rozo, 2003). Para enfatizar en este punto, podemos decir que el aprendizaje es concebido como un proceso inseparable de la enseñanza.

Las representaciones mentales de que parte el alumno desde sus patrones motivacionales, como de elementos básicos que éste «aporta» a tal proceso, deben ser entendidos como fruto de una construcción interactiva entre alumno, «otros significativos» —profesor, compañeros— y el contenido objeto de aprendizaje.

En una educación cimentada en el enfoque de competencias, el fin y centro del aprendizaje es el alumno. Por ello, es necesario desarrollar su pensamiento crítico, con el propósito de que éste cuente con herramientas que le permitan discernir, deliberar y elegir libremente acerca de su formación, de tal modo que pueda comprometerse al construir sus propias competencias.

La formación centrada en el estudiante propicia que el alumnado crezca en todas sus dimensiones, primordialmente en la personal, al establecer una coherencia entre las necesidades sociales y su propio proyecto de vida.

Con respecto al docente, se puede señalar que la formación por competencias demanda en el profesor características y competencias innovadoras, que coadyuven a la configuración de una nueva universidad.

El contexto social, más complejo, ha devenido en un factor de presión, pues se le da prioridad y se valora la importancia del sujeto, su participación en la toma de decisiones, así como las vertiginosas transformaciones científico-tecnológicas y en medios de comunicación. Tales presiones sociales exigen un nuevo profesor universitario, que no se conforme con dominar la temática científica en alguna materia, sino que sepa vincular además investigación y gestión.

En síntesis, la educación por competencias profesionales integradas ya demanda nuevas estrategias de enseñanza aprendizaje orientadas hacia la mejora de la educación (Pérez et all, 2000).

El papel de la docencia y la formación pedagógica para aprender y enseñar es prioritario, al orientar a los alumnos en valores, en el dominio de emociones y en aspectos sociales y ambientales.

La docencia universitaria se concibe, pues, como el conjunto de actividades que realizan los profesores universitarios para promover y facilitar el aprendizaje; y como cualquier profesión, este quehacer requiere de un conjunto de conocimientos especializados sin los cuales su función puede verse limitada (Fierro, 1999). La docencia participa en procesos educativos que son dinámicos y de naturaleza social, no admiten la predicción de lo que sucederá antes de su práctica, por lo que cualquier planeación de ésta ha de ser abierta y flexible.

En la práctica docente por competencias profesionales, han de considerarse las habilidades que el profesor debe tener. Autores como Zabalza (2003), reconocen que dichas competencias serían aquellas capacidades cognitivas, procedimentales y de actitud que la persona pone en juego ante una situación específica.

A decir de Zabalza (2003), la función docente tiene que ser repensada en un contexto de formación con base en competencias. Por lo mismo, se puede esperar que el perfil profesional en docentes universitarios deba ser rediseñado a fin de que se reconozcan tales capacidades y, a la vez, permitan estructurar un programa de instrucción para que los profesores las adquieran.

Académicos en las diversas carreras del CUCS viven la docencia como una parte destacada de su labor, y ser profesor forma parte de su identidad profesional. La noción de identidad profesional nos conduce a identificar a los sujetos con su profesión.

Podemos decir que la identidad profesional hace referencia a la noción de permanencia, a la constancia, la unidad y el reconocimiento de sí mismo. La identidad introduce la dimensión personal vivida, psíquica, pero también la visión social. De esta manera, lo personal y lo social se construyen constantemente (Giere, 1999).

Profesoras y profesores trabajan en lugares y departamentos diferentes, comparten conocimientos en el trabajo colegiado que se desarrolla durante reuniones de academia, comparten ámbitos disciplinarios muy variados, producto del modelo matricial del centro (CUCS-UdeG); sin embargo, existe una serie de aspectos que los identifica, que los acerca y los hace semejantes, lo cual, pudiera decirse, crea un colectivo más homogéneo.

Sin embargo, la homogeneidad no es tal cuando se está en función del desarrollo de una vida profesional ligada a aspectos autoformativos, que derivan en un deseo o no de continuar dedicado a la docencia o a la academia, pues se considera que el trabajo de academia es menos desgastante que el trabajo frente a grupo.

La mayoría de profesores manifiestan actitudes positivas al compromiso de cumplir con la actividad docente, porque cumplen con el horario destinado a los cursos, con la planeación de la clase y con los procesos de evaluación.

La docencia es vivida como un elemento institucional normado, que no es posible cambiar. Se sigue y acepta la dinámica institucional en la práctica docente, pero algunos profesores no participan en los diversos programas de actualización y formación magisterial.

Indudablemente, las intervenciones de un tutor sólo tienen valor si se apoyan en un diagnóstico serio de necesidades en el tutelado, el cual, ya se dijo antes, es necesario efectuarlo para una gestión eficaz[6]. Este aspecto

---

[6]   Winnykamen, *op.cit.* p. 27. El autor observa, por otra parte, diferencias de un tutor a otro al referirse a los trabajos de Shute, Foot y Morgan (1992).

es claramente visible en la enseñanza superior. Un tutor que adopta estas cualidades será sensible, conocedor de su área y con empatía. Por lo tanto, es imprescindible tomar en serio la adecuación entre demanda de tutelados y oferta de tutores. Al respecto, los últimos pueden prodigar distintos tipos de ayuda.

Entre los hallazgos en el estudio que sustenta el presente escrito, se identificaron acciones consolidadas en lo teórico y metodológico acerca de cómo la tarea del profesor se dirige a que los alumnos aprendan por sí mismos. Para lograr dicho propósito, ya se impulsan numerosos trabajos prácticos de exploración. Frente al profesor centrado en la transmisión del conocimiento, asentado sobre bases de poder, conciencia social y política, aparece otra figura, la de facilitador, entendido éste como aquel docente capaz de preparar oportunidades de aprendizaje para sus alumnos.

Sobre las nuevas teorías psicopedagógicas del aprendizaje, el profesor se ha convertido en alguien que pone, o debiera poner, al alcance de sus alumnos elementos y herramientas necesarias para que ellos mismos construyan su conocimiento, y sean partícipes activos en su propio proceso de aprendizaje. Así, la figura del profesor es entendida más como un tutor en el proceso de aprendizaje.

Desde esta perspectiva, el profesor adopta una función de gestor del aprendizaje en sus alumnos, porque el conocimiento se vuelve dinámico y ello compromete a inducir destrezas y otras estrategias en sus educandos. No olvidemos, la relación entre lo que se sabe y lo que se es capaz de aprender, cambia día a día y nos acercamos al aprendizaje a lo largo de la vida (Delors, 1999). Ante estos incesantes cambios debemos tomar una actitud de estar al día, prepararse para las transformaciones y no establecer puntos de llegada sino procesos de evolución (Tobón, 2006).

En este marco, y a partir de las competencias básicas indispensables, además de estrategias pedagógicas (habilidades didácticas, tutoría, técnicas de investigación-acción, conocimientos psicológicos y sociales), habilidades instrumentales y conocimientos en nuevos lenguajes y características personales (madurez, seguridad, autoestima, equilibrio emocional, empatía), Márquez (2002) presenta las principales funciones que los profesores deben realizar en el siglo XXI:

a) Planificar sus cursos (conocer características individuales y grupales de sus alumnos, diagnosticar sus necesidades de formación; diseñar el *currículum*);

b) Diseñar estrategias de enseñanza aprendizaje (preparar estrategias didácticas que incluyan actividades en globo, motivadoras, significativas, en colaboración y aplicativas, así como el uso de nuevas tecnologías de la información y la comunicación);

c) Buscar y preparar recursos y materiales didácticos (diseño y gestión de esos recursos);

d) Proporcionar información y gestionar el desarrollo de las clases con orden (informar a alumnos sobre fuentes de información, objetivos, contenidos, metodología y evaluación de la asignatura);

e) Involucrar al alumnado (despertar su curiosidad e interés por contenidos y actividades relacionadas con la asignatura);

f) Hacer participar a estudiantes (incentivar la presentación pública de trabajos realizados);

g) Facilitar la comprensión de contenidos básicos;

h) Ser ejemplo de actuación y portador de valores;

i) Asesorar en el uso de recursos;

j) Participar en la tutoría (presencial y telemática);

k) Efectuar proyectos con alumnos (implicarse en trabajos en colaboración con ellos);

l) Evaluar (fomentar la autoevaluación en estudiantes y de intervenciones docentes);

m) Fomentar actitudes necesarias en la sociedad de la información (actitud positiva y crítica hacia tecnologías de la información y las comunicaciones, valoración positiva del pensamiento divergente, creativo y crítico, así como del trabajo autónomo, ordenado y responsable, el trabajo cooperativo, la adaptación al cambio y saber desaprender);

n) Formación continua (actualización en conocimientos y habilidades didácticas, mantener contactos con otros colegas y fomentar la cooperación e intercambios); y

o) Contacto con el entorno (conocer la realidad del mundo laboral a que accederán los alumnos y mantener nexos con el medio escolar).

Las nuevas tendencias educativas, tal como se ha explicado antes, demandan de profesores-tutores cada vez mejor preparados, a fin de llevar a la práctica una enseñanza de calidad, entendida ésta como aquella práctica favorecedora de enlaces entre contenidos de aprendizaje en diversas disciplinas y el desarrollo de estrategias de aprendizaje, que permitan al alumno el logro de competencias. Un docente capaz de crear situaciones de aprendizaje, al tiempo que mediador entre estudiantes y objeto de conocimiento.

Frente a las demandas más apremiantes hechas a profesores, juega un papel fundamental el desarrollo de la creatividad, pues cuando alumno y profesor son capaces de reinventar un procedimiento, la resolución de problemas diversos, construcción de nuevas hipótesis, entre otros, podemos decir que interactúan elementos tales como: motivación, autonomía intelectual, capacidad de romper esquemas, sinergia interna, comprensión y administración de procesos.

La enseñanza aprendizaje puede resultar no significativa, ni estimulante, si no se encuentra ligada al contexto conceptual y vivencial del sujeto, y si no se despliegan además procesos y habilidades cognitivas que el sujeto posee en el ámbito de operatividad eficaz (Prado, 1997).

Cobra relevancia señalar que, el nivel de dominio de competencias que posee el sujeto, así como sus intereses y el reconocimiento de su cultura contextual, es más favorecido en manos de un docente que impulsa prácticas creativas que estimulan y fortalecen metodológicamente situaciones didácticas.

Para atender las nuevas necesidades de formación en el profesorado del CUCS se han instrumentado diversos programas, los cuales no han resuelto de manera integral el problema de formación y actualización por competencias.

En el caso de las carreras de enfermería y psicología, verbigracia, se han diseñado estrategias de corte metodológico-didáctico para apoyar a profesores-tutores. Se pone a consideración de los actores involucrados en procesos de formación docente y tutorías, un programa integral con orientación humanística, para acompañar al profesorado universitario en ciencias de la salud en la ardua tarea de formar estudiantes con un enfoque por competencias.

En el programa se describen sus propósitos y se enmarca por bloques de contenidos, fases y descripción de relaciones establecidas vía el desarrollo de cuatro módulos. Teóricamente, se basa en sustentos constructivistas y metodologías de enseñanza creativas y estrategias metacognitivas, con las cuales se pretende apoyar a profesores-tutores a mejorar la calidad en su desempeño profesional.

Los profesores-tutores, al iniciarse en este método, se cuestionan sobre la novedad e importancia que legará su curso en sus alumnos; cuando se responde y actúa, reinicia un nuevo proceso de innovación, entendido éste como aportar algo nuevo, no sólo pensar y concebir nuevas ideas, sino llevarlas a cabo.

En talleres de este tipo, se parte de considerar que el profesor no es capaz de reconocer sus propias capacidades y habilidades en enseñanza, le será muy difícil plantear situaciones problema que orienten a los alumnos en el desarrollo de competencias, así como situaciones didácticas requeridas para el logro de las mismas. De ahí que sea imprescindible contar con un asesor para el apoyo y orientación docente, a lo largo de una formación permanente y continua.

Es necesario precisar que algunos aspectos adicionales a lo anterior hacia un profesorado reflexivo, no es posible sino mediante la práctica reflexiva en ellos, capaz de conciliar pensamiento científico con pensamiento práctico; el conocimiento de procesos universales con saberes de experiencia, ética, implicación y eficacia.

En la reflexión sobre la práctica de enseñanza, la figura del practicante reflexivo (Schön, 1998) se impone cada vez con más fuerza. Los saberes racionales no bastan para hacer frente a la complejidad y diversidad de situaciones laborales. Por este motivo, la principal apuesta consiste en recuperar saberes de la experiencia basada en un diálogo con lo real y la reflexión en la acción y sobre la acción. La práctica reflexiva tiene como propósito coparticipar y hacer dialogar entre sí estos diversos saberes.

El hecho de desarrollar la práctica reflexiva en la práctica de la enseñanza, se dirige a profesionales que trabajarán en torno a la recuperación, análisis, sistematización y transformación de sus prácticas educativas, pero también a quienes los acompañan: asesores, formadores, responsables de proyectos innovadores o equipos directivos del centro universitario.

Podemos señalar sin temor a equivocarnos, que una gran parte de las investigaciones realizadas acerca de la formación y trabajo docentes, evidencian una complejidad temática y requieren la delimitación de marcos referenciales y teóricos que incluyan aspectos sociales e históricos, como los subjetivos y prácticos involucrados en la formación y práctica docente, ya que es evidente que, en el siglo XXI, es más importante recuperar el sentido original y potencial interpretativo del quehacer pedagógico.

En la recuperación, por parte del profesorado, de la práctica, se identifican estilos de docencia y comportamientos de tipo pedagógico que subyacen en cada una de las prácticas. Y éstas se hallan matizadas por sus perfiles.

En muchas ocasiones, el profesorado rechaza espacios de formación y actualización por la sencilla razón de no sentirse parte de los proyectos o por no haber sido consultados sobre sus necesidades pedagógicas y personales. Generalmente, su asistencia es obligada por instancias académicas (jefes de departamento y presidentes de academia), por lo que sus actitudes son de apatía, desgana y caracterizadas por desmotivación y falta de interés.

Para llevar a cabo esta propuesta, han de considerarse estos inconvenientes y propiciar cambios en estrategias creadas para convocar a profesores, así como la manera de presentar y difundir los talleres. Se trata entonces, de instrumentar acciones de formación docente de manera diferenciada y con la posibilidad de situar los espacios no de manera autoritaria, sino posibilitar otras vías de acercamiento profesional.

Con respecto a reformas y cambios educativos en lo académico y administrativo, las modificaciones en modelos de formación y fortalecimiento profesional ofrecen nuevos espacios de participación, en la toma de decisiones educativas, de actores sociales, particularmente de docentes.

Podemos añadir que las transformaciones que se gestan en académicos que transitan esquemas formativos, reacomodan también procesos internos en la persona, sus concepciones, creencias y estructuras mentales.

La *praxis* en el profesor se haya matizada por sus creencias, formas de ser y hacer adquiridas culturalmente, a través de procesos de socialización con los coetáneos de las diferentes carreras y diversos centros e instituciones. Las concepciones docentes permanecen, pero al desencadenar tareas en talleres y procesos formativos, es posible trabajarlas, transformarlas e impregnarles su propio estilo.

Así, la práctica docente se concibe como una práctica reflexiva, en la que el profesor, como un sujeto activo, pone en juego su bagaje cultural, cognitivo, afectivo, inmerso en una realidad compleja en que los procesos de formación docente implican retos sobre cómo elaborar juicios pertinentes, elegir estrategias y poner en marcha acciones didácticas.

Es necesario hablar no sólo de competencias docentes o didácticas, sino de metacompetencias reflexivas (Korthagen, 1996). El proceso de reflexión generado en el programa de formación, ayuda al profesor a someter su propio comportamiento al análisis crítico y hacerse responsable de sus acciones para encontrar el filtro necesario hacia una enseñanza que trasciende el simple entrenamiento y uso de competencias específicas de comportamiento, o la toma de decisiones sistemáticas y racionales.

Para mejorar la formación en docentes y propiciar cambios reales en sus desempeños en el aula, se requiere de:

1. Un diseño de programa de formación integral;
2. Una promoción de actividades en diferentes ambientes formativos, para el desarrollo de habilidades;
3. Conocer las concepciones docentes de partida en profesores; y
4. Propiciar, deliberada y conscientemente, transferencias con mayor nivel de consolidación.

En definitiva, la recuperación del trabajo docente, la reflexión sobre su quehacer y participación en un ámbito de aprendizaje colaborativo y cooperativo, llevan al profesor a «mirar» y «escuchar» de manera diferente su propia práctica. Esta parte del proceso, al mirar de manera distinta el quehacer cotidiano, genera resultados inesperados y sorpresivos.

El trabajo aquí expuesto nos lleva a pensar que, a fin de que la formación en profesores genere innovaciones y cambios significativos, ha de tener continuidad y ser permanente en el contexto escolar, en su totalidad.

Bibliografía

Alvarado, M. (2008). *El aprendizaje y la tutoría*. Universidad de Guadalajara, México.

Castillejo, J. L., y Colom, A. J. (1987). *Pedagogía sistémica*. Ceac, Barcelona.

Coombs, P. (1991). *Estrategia para mejorar la calidad de la educación superior en México*. Fondo de la Cultura Económica, México.

Corner, A. (1994). «Desenvoluparment professional dels docents», en *Temps d'Educacio*, 11: Universidad de Barcelona, Barcelona.

Delors, J. (1998). La educación encierra un tesoro. Informe a la UNESCO de la Comisión Internacional sobre educación para el siglo XXI, 46,34. París, Francia.

Fierro, L. (1999). *La investigación en el proceso de formación docente*. Paidós. México.

García, S., y Martínez, C. (2003). «Enseñar a enseñar contenidos procedimentales es difícil», en *Revista interuniversitaria de formación del profesorado*, 46: 79-99. Zaragoza, España.

Giere, R. (1999): «Un nuevo marco para enseñar el razonamiento científico», en *Enseñanza de las ciencias*, número extra: 63-70. Argentina.

Hodson, D. (1994). «Hacia un enfoque más crítico del trabajo práctico», en *Enseñanza de las ciencias*, 12 (3): 299-313. España.

Iglesias, C.; García, S. y Rocha, A. (2003). "Un análisis de los diferentes documentos curriculares de ciencias en cuya elaboración participan los docentes", en Actas del XIV Encuentro del estado de la investigación educativa. Universidad C. Córdoba, España.

Korthagen, F.A.J. (1999). Linking reflection and technical competence in teaching: the logbook as an instrument in teacher education. European Journal of Teacher Education 22(2/3), 191-207.

Márquez, P. (2002). *Buenas prácticas docentes*. Ecuador.

Pérez, I. *et al.* (2008). «La práctica docente», documento de los ETA. Universidad de Guadalajara-CUCS, México.

Perrenoud, P. (2001) «Métier d'élève et sens du travail scolaire, París: ESF». *La pédagogie à l'école des différences*. ESF, París.

——(2004) *La construcción del éxito y del fracaso escolar*. Morata, Madrid.

——(2004) *Diez nuevas competencias para enseñar*. Graó, España.

Porlán, R.; Rivero, A. y Martín del Pozo, R. (1997). «Conocimiento profesional y epistemología de los profesores I: teoría, métodos e instrumentos», en *Enseñanza de las ciencias*, 15 (2): 155-171. España.

Pozo, J., y Gómez Crespo, M. (1998). *Aprender y enseñar ciencia*. Morata, Madrid.

Prado, D. de, (1997) Técnicas creativas y lenguaje total. Ed. Narcea. Madrid.

Pro, A. (1998). «¿Se pueden enseñar contenidos procedimentales en las clases de ciencias?», en *Enseñanza de las ciencias*, 16 (1): 21-41. Madrid, España.

Rodríguez, M. (1995) Orientación educativa. CEAC. Madrid, España.

Rozo, J. (2003). *Sistémica y pensamiento complejo I. paradigmas, sistemas, complejidad*. Ed. Biogénesis. Medellín, Colombia.

Sacristán, (1996). *La profesionalidad escindida de los profesores de universidad*. Publicaciones de la Universidad de Valencia, España.

Schön, D. (*1998)*. El profesional reflexivo. Cómo piensan los profesionales cuando actúan. Editorial Paidós, Barcelona.

Tobón, S. (2006). Aspectos básicos de la formación basada en competencias. Talca: Proyecto Mesesup. Colombia.

Universidad de Guadalajara (2008). *Programa de evaluación curricular*, documento base. Universidad de Guadalajara-CUCS, México.

Zabalza, M. (2003). Competencias docentes del profesorado universitario. Ed. Narcea. Madrid, España.

Importancia del Programa integrador institucional de tutoría académica para la formación de estudiantes en un modelo por competencias

María Elena Flores, J. Santos Rodríguez, Citlalli Rodríguez[7]

Actualmente, en la formación por competencias se hace énfasis en la educación para la vida. Con base en esta postura, la participación del hacer tutorial es elemento estratégico al potenciar esfuerzos institucionales orientados a mejorar aspectos de calidad educativa, pertinencia social y equidad, acciones clave al momento de favorecer cambios en planes de estudio en las instituciones, lo que se refleja en la formación de la identidad en estudiantes, dentro y fuera del aula.

Uno de los propósitos del modelo educativo en la unidad educativa CBTa 30 de pabellón en Aguascalientes, México, es lograr que todo estudiante obtenga una educación integral mediante un servicio académico sistemático, como guía del estudiante en su proceso académico, vía el programa de tutoría, con que se pretende orientar y dar seguimiento al desarrollo de los estudiantes, apoyarlos en aspectos

[7] María Elena Flores Villavicencio es investigadora en la Universidad de Guadalajara, Jalisco, México. J. Santos Rodríguez y Citlalli Rodríguez están adscritos al Centro de estudios de bachillerato «Aguascalientes», Aguascalientes, México.

cognitivos y afectivos del aprendizaje, fomentar su capacidad crítica y creadora y su rendimiento académico, así como perfeccionar su evolución social y personal.

Rodríguez (2003) considera, con base en este lineamiento, que el propósito de la tutoría en el modelo por competencias contribuye en la formación de la identidad en un alumno, mediante las funciones la orientación vocacional, el desarrollo de habilidades para el trabajo y el fomento de competencias académicas básicas, que posteriormente nos favorecen también a la formación de la identidad del profesional-estudiante dentro del cambio del plan de estudios anterior al de competencias, para lograr con ello el fomento de habilidades académicas, a saber, transferir conocimientos, destrezas y actitudes de un contexto de aprendizaje a otro novedoso.

Mientras que los tutores en esta etapa deben tener un perfil caracterizado por su conocimiento del ejercicio de la profesión y la manera en que se relacionan diferentes áreas académicas pertinentes en la formación del profesional.

La aportación del programa de tutoría al sistema de competencias se centra concretamente en proporcionar elementos a profesores sobre el uso de estrategias didácticas, para ser utilizadas en su actuación orientadora, con mayor énfasis en su rol de tutor en el proceso de aprendizaje que en la enseñanza, centrándose especialmente en enseñar para comprender, en promover el aprendizaje autorregulado y promover el aprendizaje cooperativo, factores que de alguna manera están vinculados con la tutoría académica (Mingorance, 2001, citado en Gairín, 2004), e intervienen considerablemente en disminuir problemas escolares.

Sin embargo, la adopción de un plan de estudios por competencia profesional exige cambios en los supuestos sobre la naturaleza de la enseñanza aprendizaje (Gonczi, 1994). Entre otras cosas, se acepta que la misión de las instituciones escolares es educar para la vida, con el fomento de cuatro tipos de aprendizajes interrelacionados entre sí: aprender a conocer, aprender a hacer, aprender a ser y aprender a convivir juntos (Delors, 1996).

Igual debemos de aclarar el origen del concepto «competencia profesional». Nació por analogía al de competencia laboral (Gonczi, 1994). El Conocer (Consejo de normalización y certificación de competencia laboral) es un organismo independiente del sector gobierno, encargado de acreditar la competencia laboral en México, en el cual se concibe a la competencia laboral como capacidad productiva de un individuo definido y medido en términos de desempeño en determinado contexto laboral, que refleja conocimientos, habilidades, destrezas y actitudes necesarias al realizar un trabajo efectivo y de calidad.

Por tanto, entenderemos por «competencia profesional» la capacidad productiva de un individuo definido y medido en términos del desempeño de una profesión, la cual refleja conocimientos, habilidades, destrezas y actitudes necesarias para realizar tareas propias de su profesión, con eficacia y calidad.

Los programas de tutorías académicas en el modelo por competencias, según Rubio (2008), complementarían la solución de necesidades de asesoramiento y orientación sentidas por estudiantes, al mejorar su adaptación a la vida universitaria y guiados en distintos aspectos transversales de su desarrollo académico. Mientras que en el proceso de enseñanza por competencias, no sólo impondrá cambios que atañen al profesor tutor, además van a proporcionar actividades adicionales, en especial la forma en que el estudiante cumplirá sus tareas universitarias.

Es más que conveniente que las universidades diseñen e instrumenten como estrategia común institucional, programas tutoriales basados en el modelo educativo por competencias; más aún, que desde el principio se consideren medidas de recibimiento y orientación a estudiantes de nuevo ingreso, así como de apoyo y orientación durante su estancia universitaria, todo encaminado a evitar el fracaso, rezago y deserción escolar y en favor del aprovechamiento estudiantil, así como proporcionarle en todo tiempo una orientación para el acceso al mercado de trabajo.

Por otra parte, la tutoría es considerada por Álvarez (2001) una modalidad de la actividad docente que comprende un conjunto sistematizado de acciones educativas centradas en el estudiante y una forma de atención, en que el profesor apoya a un estudiante o grupo pequeño de ellos, de manera sistemática, por medio de la estructuración de objetivos, programas, organización por áreas, técnicas de enseñanza apropiadas e integración de grupos, conforme a ciertos criterios y mecanismos de monitoreo y control, entre otros, de tal manera que reciban educación personal e individualizada por parte del tutor.

Para el establecimiento de un programa institucional de tutorías, lo primero es definir prioridades institucionales en materia tutorial, seguido de elaborar un plan de acción tutorial, para el diagnóstico de necesidades de atención tutorial en cada uno de los servicios educativos establecidos en la institución educativa (ANUIES, 2000).

Con base en el diagnóstico institucional de necesidades de tutoría, se elaborará un plan de acción tutorial de necesidades específicas en cada uno de los programas ofrecidos en el centro educativo, para desarrollar así objetivos y metas específicas a lograr con respecto a tutores, programas y alumnos, en actividades que permitan efectuar un control y seguimiento de acciones, mediante estrategias de evaluaciones periódicas tanto a alumnos como a la función tutorial, con la finalidad de establecer el programa acorde a las características de la institución educativa (ANUIES, 2000).

En concordancia con las propuestas de ANUIES (2000), en el Programa institucional de tutorías se considera que «lograr el desarrollo integral de los alumnos constituye una tarea sumamente compleja de las IES (Instituciones de Educación Superior), que va mucho más allá de la organización de algunas actividades aisladas, sobre todo si se considera su gran número y heterogeneidad de condiciones; es necesario ocuparse de los estudiantes ofreciéndoles programas de orientación e información efectivas desde antes de su ingreso hasta después del egreso… particularmente importante es que los alumnos terminen sus estudios en los tiempos previstos en los programas académicos.»

Con el programa institucional de tutoría académica, (Stevens, 1996) se pretende desarrollar en estudiantes su inteligencia emocional, su autoestima, sus valores, así como promover la autogestión y autorrealización, aspectos necesarios para lograr una educación integral e integradora, con la que se pretende equilibrar procesos de aprendizaje, al mejorar interrelaciones entre: profesores, estudiantes, padres de familia, comunidad y entorno educativo y social.

Desde la ANUIES (2000), se propone a la tutoría como parte de un modelo pedagógico que está al servicio educativo y es considerada como un «método de enseñanza por medio del cual un estudiante o un grupo de estudiantes reciben educación personalizada e individualizada de parte de un profesor. Consiste en la orientación sistemática que proporciona un profesor para apoyar el avance académico de un estudiante conforme a sus necesidades y requerimientos particulares». Estas acciones están dirigidas a potenciar capacidades en estudiantes y fortalecer debilidades surgidas en procesos de aprendizaje en programas educativos.

En este sentido, uno de los principales retos del programa institucional por tutorías, es lograr que una proporción elevada de alumnos alcance niveles favorables de desempeño académico y culminen satisfactoriamente sus estudios en los plazos previstos. Tal programa ha de enmarcarse según un nuevo enfoque educativo, flexible y eficaz, basado en el aprendizaje, el desarrollo humano integral, la formación en valores y la disciplina intelectual.

Para Stevens (1996), la tutoría es un servicio educativo idóneo para dar seguimiento individual y grupal al proceso de preparación estudiantil, así como plantear y desarrollar estrategias de estímulo de habilidades y destrezas en jóvenes, manejo de currículo flexible, incluso al orientar el trabajo metodológico de programas e involucrarlo como factor fundamental y activo en ese proceso, a fin de garantizar la más alta calidad y el mayor nivel académico (p.1).

En ANUIES (1998), se ha tomado el cuidado de definir el concepto de «tutoría». La tutoría es el acompañamiento a estudiantes durante su vida escolar, que se concreta mediante la atención personalizada a un alumno o grupo reducido de alumnos, por académicos competentes y perfilados para dicha tarea, conceptualmente sustentados en teorías del aprendizaje antes que en las de enseñanza (p. 27).

Antes de crear un programa de tutoría, el profesor apoya sistemáticamente al tutelado o tutelados, ya sea al momento de estructurar objetivos, programas, organización por áreas, técnicas de enseñanza apropiadas e integración de grupos, conforme a ciertos criterios y mecanismos de monitoreo y control, entre otros (Alcántara- Santuario, 1990).

Entre las manifestaciones más conocidas en el estudiante que fracasa en sus estudios, son desorganización personal, retraimiento social y conductas disruptivas (Durón, *et al.*, 1999). A su vez, estos comportamientos suelen ser causantes del fracaso escolar. A fin de derivar medidas preventivas para elevar el nivel académico y hacer óptima la salud mental, emocional y física en estudiantes de educación media superior y superior, es necesario proveer auxilio institucional a factores que anteceden la reprobación, el bajo rendimiento escolar y la deserción escolar.

Con la tutoría se pretende orientar y dar seguimiento al desarrollo de estudiantes, lo mismo que apoyarlos en aspectos cognitivos y afectivos en el aprendizaje. Se busca fomentar sus capacidades crítica, creadora y de rendimiento académico, así como perfeccionar su evolución social y personal. Asimismo, se debe estar siempre atento a la mejora de circunstancias en el aprendizaje y, en su caso, canalizar al alumno a instancias en que pueda recibir una atención especializada, con el propósito de resolver problemas que pueden interferir en su crecimiento intelectual y emocional, hecho que implica la interacción entre tutor y tutorado. Esto exige, a su vez, la existencia de una interlocución fructífera entre profesores y tutores, y entre los propios tutores (ANUIES, 1998, p. 28).

A lo largo de la historia, las unidades educativas han transitado por diferentes facetas que van de la «escuela tradicional» a la «escuela mecanicista», en que cuya labor ha devenido en un acto inconsciente, mecánico, memorístico, repetitivo, reducido a lo intelectual; un espacio donde se imponen al educando límites estrechos a sus capacidades, lo que se traduce en un conocimiento fragmentado y cientificista, con un aprendizaje más orientado a las áreas cognitiva y, en menor escala, psicomotriz, y en que es prácticamente nula el área afectiva. Esta situación se pretende cambiar, a fin de formar personas seguras, triunfadoras, independientes, progresistas, exitosas, con valores éticos, estéticos y morales bien definidos.

Mediante la reforma curricular, se le pide al docente se convierta de simple trasmisor a facilitador o, en el mejor de los casos, en mediador del conocimiento, a fin de transformar la educación mecanicista en una «educación holista», con enfoque constructivista. Pero aún así, no se trabajaría el área afectiva. Y esta última es auxiliar en el desarrollo axiológico, para promover la autogestión y autorrealización necesarios en una educación integral e integradora. Vía tutorías académicas, se pretende equilibrar las tres esferas manejadas en procesos de aprendizaje, mejoramiento de interrelaciones entre profesores, estudiantes, padres de familia, comunidad, entorno educativo y social.

En un proyecto nuevo —o reforma educativa— no basta con reducir asignaturas, cambiar de nombre a las mismas, ofrecer más horas de inglés o incorporar nuevas tecnologías. Si no se modifica la esencia del mismo, de poco o nada sirve cambiar la etiqueta, si no se transforma el producto (estudiante), con características que lo hagan diferente. Por ejemplo:

- Con más conocimientos y valores humanos;
- Con aprendizaje autogestor, esto es, que él aprenda a aprender, pensar, investigar, crear, comunicarse, auto-administrarse y auto-evaluarse;
- Con autorrealización mediante actitudes positivas y fe en sí mismo (autoestima); con deseos, proyectos y metas, persistencia, valor para acometer propósitos y un profundo amor a la vida (a sí mismo, su entorno y semejantes), imbuido de un pensamiento reflexivo y crítico.

Son imperativos en instituciones de educación superior (IES) incrementar la calidad en el proceso formativo, aumentar el rendimiento en estudiantes, además de reducir reprobación y abandono, para lograr índices de aprovechamiento y eficacia terminal satisfactorios, así como cumplir con el objetivo de responder a demandas sociales con más y mejores egresados que, al mismo tiempo, puedan lograr una incorporación exitosa en el mercado de trabajo. Para alcanzar tales objetivos, es indispensable consolidar un programa integrador que mejore el servicio educativo ofrecido a alumnos en una institución de calidad.

Lo anterior exige elaborar un proyecto de tutoría académica en que se contemplen aspectos conceptuales, metodológicos y de implantación del sistema institucional de tutorías, además de integrar un esquema de datos para la evaluación del funcionamiento del programa, de su impacto en índices de deserción, reprobación y eficacia terminal en la escuela y en el logro de objetivos de formación integral en estudiantes.

Es necesario considerar en la institución educativa los acontecimientos comunes, cotidianos, incluso pequeños, quizás silenciosos y por ello un tanto ocultos, que no valoramos y pensamos que por ser obvios carecen de significado; sin embargo, conforman la rutina en el aula y ejercen en el joven un fuerte impacto positivo o negativo. Si estas situaciones son visualizadas por quienes integramos el entorno educativo, y tratamos con profesionalismo a los educandos, al coadyuvar en su encuentro consigo mismos, a definir su identidad y proyecto de vida, este panorama le permitirá vivir en la escuela sin renunciar a la creatividad, ingenio, proyectos y deseos. De este modo aprenderán a aprender, a ser, a hacer, a vivir en comunidad auténticos y autogestivos.

Sobre estos tópicos se cimientan las tutorías académicas, propuestas en la instrumentación de unidades educativas en nuestro nivel —en la reforma curricular— para hacer más eficaces la labor educativa y formativa, a fin de lograr ciudadanos más informados y comprometidos con su comunidad.

El problema observado en torno al objeto de estudio, es la desvinculación entre instituciones educativas, padres de familia, profesores, estudiantes, contenidos y entorno. Las condiciones académicas, conductuales y de aptitudes en educandos (con éstos, con sus padres, con profesores y con la unidad educativa), amplían la brecha entre objetivos formativos. Además, no hay concordancia entre currículo real o vivido y currículo formal; esto ha provocado altos índices de reprobación, deserción, baja eficacia terminal y reducido porcentaje de titulación, lo cual contrarresta logros académicos y formativos en estudiantes.

La misión de la unidad educativa es fortalecer la preparación académica en el medio como organismo vinculador entre comunidad e instituciones municipales, estatales y federales, al proveer de estos servicios al medio demandante con el mayor provecho de la capacidad instalada.

Las tutorías académicas integrales nos han permitido orientar y recibir apoyo de distintas instancias —para estudiantes, padres de familia y profesores—, con un sentido óptimo en el manejo de recursos de la institución y el entorno. Ello ha hecho posible que cobremos identidad y reconocimiento con el área de influencia (incluso en ámbitos regional y nacional), con salidas a impartir cursos y conferencias en otras unidades educativas.

Sobre la instrumentación del programa de tutorías académicas, no se ubica únicamente en la atención del estudiante y su nexo con el docente y el contenido. Nuestro programa va más allá: pretendemos se involucren todos los «actores» y «protagonistas» del hecho educativo.

1. La institución educativa debe ser considerada una «unidad a puertas abiertas», en donde participen hacia el interior personas externas que contribuyan con sus conocimientos y experiencias a mejorar y actualizar lo cognitivo, las interrelaciones, la funcionalidad administrativa y productiva. Hacia el exterior, ser factor de cambio en lo cognitivo, en lo tecnológico, en lo social, lo valorativo y lo conductual. ¿Cómo hacerlo?

Por medio de clubes, en conferencias, en formación e integración de equipos de trabajo, entre otros.

2. En el rubro de padres de familia, deberá promoverse la participación recíproca éstos e integrantes de la unidad educativa, con una actitud más partícipe en el proceso educativo de sus hijos, mediante el incentivo en

pláticas y conferencias, a fin de que mejoren la comunicación con los miembros de la familia e integrantes de la unidad educativa.

3. El estudiante naturalmente es parte medular del programa, y a ellos hay que brindarles una atención personalizada, en donde no tengan prioridad sólo las esferas cognitiva y psicomotriz, sino que se privilegie la atención en la esfera afectiva, que es la más olvidada en el ámbito pedagógico; con ello pretendemos hacer del estudiante un hombre diferente, nuevo, consciente y practicante de sus valores (éticos, estéticos y morales), motivado en la autogestión y autorrealización, factores necesarios para lograr una educación integral e integradora; que tenga definido su proyecto de vida y brinde el mejor esfuerzo para lograrlo; que sea una persona más informada, comprometida con su comunidad y con su ecosistema; que sirva de enlace entre instituciones educativas y otras dependencias, así como con los padres de familia, profesores, contenidos programáticos y el entorno.

4. Los profesores deberán cumplir con la función intrínseca a su nombramiento, ser tutor académico de sus estudiantes, situación que será posible:

➤ Con voluntad y amor al trabajo encomendado;
➤ Al cumplir oportunamente con sus responsabilidades administrativas, técnicas y pedagógicas;
➤ Al fortalecer la comunicación entre profesores afines a su grupo tutorado, para encontrar estrategias que contribuyan en la mejora de su rendimiento académico;
➤ Al establecer estrategias que le permitan ampliar canales de comunicación entre las personas involucradas (directa e indirectamente) en el hecho educativo;
➤ Al actualizar continuamente su *estatus* pedagógico, mediante la reconversión de su papel de simple transmisor en facilitador del aprendizaje;

➤ Al asumir el papel de consejero, o bien un compañero mayor que lo apoye a fortalecer su humano y afectivo;

➤ Al canalizar —cuando así se requiera— a sus jóvenes tutorados a instancias de atención especializada;

➤ Al llevar un seguimiento claro y oportuno de actitudes, aptitudes y situación socioeconómica, entre otras, de cada uno de sus tutorados.

En la UNESCO se espera del docente (1997) que: eduque, enseñe, guíe, evalúe, se desarrolle, facilite el aprendizaje, promueva la formación de ciudadanía y su integración activa en la sociedad; que estimule en el estudiante la curiosidad, pensamiento crítico, creatividad, iniciativa, autodeterminación y valores. El cumplimiento de estos aspectos se hace más factible si el docente asume el papel de tutor académico.

5. Con respecto al entorno educativo, se puede decir que no es posible que las unidades educativas se consideren islotes, que cada una de ellas esconda como el tesoro más preciado los mecanismos que ha utilizado para convertir sus debilidades en fortalezas, y cómo ha transformado sus problemas y fracasos en logros. Cada institución habrá de brindar apoyo y mantener buenas relaciones con otras unidades educativas y con otras instancias de manera recíproca.

Hagamos a un lado el egoísmo, no se trata de que avancemos de manera solitaria, somos una pieza dentro del engranaje en que habremos de brindar nuestro mejor esfuerzo y entusiasmo para avanzar en el contexto de las naciones.

¿Por qué lo anterior es una práctica innovadora?

a. Por lo general, las instituciones educativas están más preocupadas por medir y/o calificar conocimiento;

b. No dan importancia al desarrollo afectivo y de valores en el estudiante;

c. Desde 1970 a la fecha, comunidad y autoridades educativas consideran a las escuelas como «islotes» o instituciones «amuralladas»;

d. Porque al padre de familia sólo se le llama o se le visita para darle malas nuevas, cambiar mesa directiva o para pedirle cuotas económicas;

e. Porque se han improvisado docentes (personas que ejercen esta profesión sin capacitación previa).

Las tutorías académicas vienen a trastocar estos *modus vivendi*, al hacer más francas y cercanas las relaciones entre actores y protagonistas del hecho educativo, en que se rompe el «cascarón» que ha envuelto a las unidades educativas. Con esta modalidad, se propicia el apoyo mutuo entre personas de la comunidad que manejan saberes, técnicas prácticas y procesos valorativos, y que hoy contribuyen a fomentar en estudiantes y comunidad educativa, una educación integral e integradora, basada en valores con aprendizajes para todos los involucrados, al transforma nuestra visón y actuación responsable, analítica y crítica.

Los resultados, beneficios, bondades y fortalezas de las tutorías académicas demuestran el impacto que han tenido en la unidad educativa (CBTa 30), tres años y medio de aplicar el programa de tutorías académicas. Al principio de manera experimental, con un grupo que reunía condiciones muy desfavorables, pues fue integrado a mediados del mes de septiembre (2002) con jóvenes poco interesados en estudiar, entre ellos cinco exalumnos repetidores —que habían manifestado mala conducta—, dos jóvenes que nunca se presentaron —jóvenes en condición de calle—, otros dos más que quedaron huérfanos al comenzar el semestre. De partida, se les trató con dureza (los docentes asignados), y aun así se logró que concluyeran sus estudios (el sexto semestre) el 50% de ellos.

Paralelo a este hecho, se proporcionó apoyo tutorial y seguimiento a cuatro casos de otro grupo, que evidenciaban serias dificultades para concluir sus estudios de bachillerato. Los resultados arrojaron que, del total, tres de ellos concluyeron y hoy cursan estudios superiores. La oficina de seguimiento de egresados de esta unidad educativa, informó que el 86.3% de egresados continúan sus estudios. Vía el trabajo emprendido por el grupo de docentes tutores académicos, ha sido posible incrementar en 2 años consecutivos de la matrícula escolar en un 17% y la eficacia terminal en un punto anual.

En este tipo de programas cobra relevancia el buen gobierno, ya que no es necesario construir estructuras adicionales y paralelas a las existentes, ni de infraestructura. Más bien se trata de aprovechar de manera eficaz tanto recursos materiales e infraestructura como recursos humanos ya disponibles, por ejemplo instalaciones, equipo y espacios físicos donde se articulan esfuerzos y programas institucionales existentes. Los destinatarios centrales de este programa son: estudiantes que requieren ser apoyados por sus padres, profesores, diversas instituciones y autoridades educativas y civiles, mismas que se involucran en el proceso, a fin de ofrecer una orientación de calidad.

Actualmente se cuenta con:

a. Un plan de acción;
b. Capacitación del cuerpo de tutores;
c. Participación de padres de familia en el ciclo de conferencias (4 por semestre);
d. Todo el cuerpo directivo se involucra en este proceso;
e. Manual de funciones para tutorías académicas;
f. Cursos de actualización y profesionalización del personal docente;
g. Apoyo de instancias municipales, estatales y federales por medio de conferencias y asesorías;
h. Difusión del manual de tutorías elaborado con apoyo del equipo promotor y la coordinación;
i. Diversas acciones del propio centro, como conferencias y diálogos en otras instituciones, entre ellas los CBTa del estado (30, 40, 61, 103) y el ITA 20, así como a coordinadores de educación tecnológica agropecuaria en el país, todos los CBTa de Zacatecas,

Durango, Apaseo el Grande, Guanajuato, CBTa 152 de San Juan
I. y Apan, Hidalgo.

Los resultados del estudio de seguimiento evidencian que la
reprobación y deserción ha sido muy baja en los últimos dos semestres
(2007); además, los padres de familia se mantienen informados sobre
la educación de sus hijos. También se encontró que se hicieron visitas
domiciliarias para disminuir la posibilidad de reprobación o deserción
escolar.

Como conclusión, se pueden afirmar avances en diversas líneas de
trabajo, a saber:

a. Para conjuntar esfuerzos en un mismo sentido, se ha involucrado
   a padres de familia; ello facilita la comunicación permanente
   y continua con genitores por medio de conferencias y visitas
   domiciliarias a estudiantes, independientemente de si presentan
   problemas de rendimiento o son excelentes;
b. Capacitación, actualización y unificación de criterios de docentes
   con respecto a un fin común;
c. Por el apoyo brindado al estudiante para propiciar su desarrollo
   conductual, afectivo y de valores, vía tutorías grupales, personales
   y, tal vez, próximamente, correo electrónico;
d. Es un despertar de consciencias, que nos invita e incentiva a ser
   mejores, cada cual en su área, mediante capacitación del personal,
   a fin de ofrecer un servicio de calidad en el ámbito de nuestra
   competencia.

En el cuadro 1 damos cuenta del proceso seguido en el modelo por tutorías.

Cuadro no. 1
Modelo de tutorías académicas integrales: Proceso y áreas funcionales que han sido impactadas

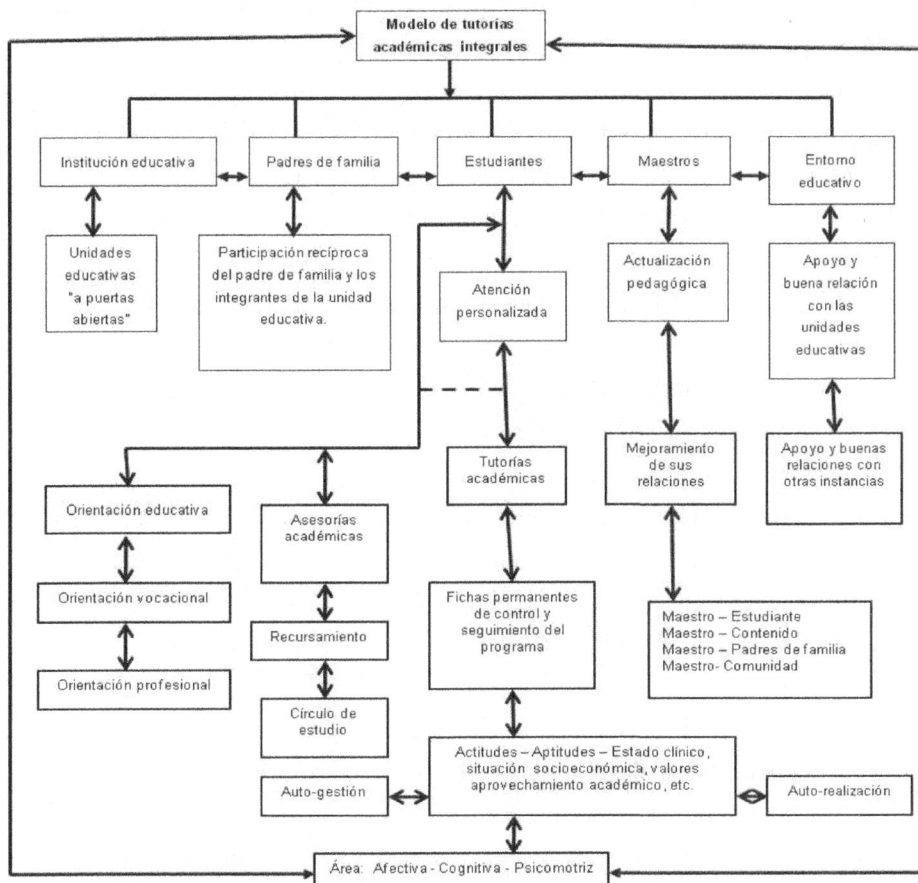

Fuente: Santos Rodríguez Carrillo (2009)

La finalidad de adoptar y evaluar el impacto del programa institucional por tutorías en el CBTa 30 de pabellón, en Aguascalientes, tuvo por objetivo elevar la calidad en el proceso educativo mediante la atención personalizada del docente con sus alumnos, con el propósito de mejorar condiciones de aprendizaje y desarrollo de valores, actitudes y hábitos, que contribuyen a su formación integral.

Ha de continuarse con la orientación y seguimiento en el desarrollo de estos alumnos, con apoyo en aspectos cognitivo, afectivo del aprendizaje y de fomento a su capacidad crítica y creadora en su rendimiento académico, así como a perfeccionar su evolución social y personal en su familia y la misma institución de enseñanza. Para detectar problemas no resueltos en su caso, serán canalizados a instancias en que se les brinde atención especializada, con la idea de resolver problemas de crecimiento intelectual, emocional, familiar y social, durante su formación académica, o en su inserción laboral.

Finalmente, se presenta un anexo útil para instituciones en proceso de diseño de un programa de tutorías, según la necesidad de formar alumnos en modelos o con enfoque por competencias.

Ruta de instrumentación de tutorías académicas

1. Sensibilizar a directivos sobre la importancia que tienen las tutorías académicas integrales: para mejorar el desempeño en estudiantes, al abatir la reprobación, deserción, rezago, ausentismo; y para la unidad educativa, la mejora en eficacia terminal y aceptación en área de influencia;

2. Dar a conocer a la academia del plantel el programa de tutorías académicas, previamente consensuado por directivos, y puntualizada la necesidad de aplicarse con la idea de encaminarnos a la excelencia;

3. Capacitar al cuerpo docente: mediante cursos y reforzarlos mediante conferencias sobre el tema, en que el futuro tutor esté convencido de

la importancia del programa y la necesidad de comprometerse con este trabajo;

4. Integrar equipos de trabajo: con los docentes capacitados en el programa, para atender grupos de estudiantes —en acuerdo con la academia—. Para esto, se recomienda: que sea con personas afines; que cuando menos uno de ellos esté entre los docentes que atenderán al grupo; que cada docente esté en posibilidades de atender a jóvenes que bien pueden dividirse según el número de tutores asignados.

5. Dar a conocer —por separado— a estudiantes y padres de familia el contenido de programas de tutorías académicas, en que se resalte la necesidad de que todos estemos involucrados integralmente en el proceso, para así lograr mejores resultados;

6. Que cada estudiante escoja a su tutor: ello será a partir de tutores asignados para el grupo, el cual excederá los diez estudiantes, con el fin de que el tutor desempeñe óptimamente su trabajo (según los recursos humanos del plantel).

7. Elaborar un programa de conferencias calendarizadas y con sus respectivos ponentes, destinadas a tutores, estudiantes y padres de familia. Para ello, es conveniente apoyarnos con personal de instituciones estatales o federales, cuyo objetivo sea el mejoramiento de la sociedad (profesores, psicólogos, sociólogos, terapeutas);

8. Diseñar o rediseñar formatos que aplicaremos para su seguimiento, control y evaluación de tutorías académicas. Con tal fin en mente, aquí se ofrece un manual con dichos elementos hasta el momento de su realización, anexo al final del documento;

9. Designar espacios en tiempo y lugar para tutorías grupales, así como procedimientos administrativos de las mismas, pues las tutorías

individuales, tiempos y espacios lo decidirán los involucrados en el mismo;

10. Designar una hora y en el mismo día para todos los grupos del mismo grado, a fin de que lleven tutoría grupal y que, en este espacio, puedan asistir conferenciantes especializados para la formación integral de los jóvenes;

11. Seguimiento y evaluación continuos; para ello se recomienda:

   • Reuniones mensuales con el grupo general de tutores, con el fin de socializar estrategias y unificar criterios;
   • Reuniones continuas entre tutores del mismo grupo, y así visualizar avances;
   • Constatar la cercanía entre tutores con padres de familia de estudiantes tutorados, además entre estudiantes, sus papás y tutores.

12. Entregar un informe semestral al coordinador, en que el tutor autoevalúe su desempeño, e indique apoyos y necesidades para mejorar su actividad;

13. El coordinador de tutorías rendirá un informe general a su jefe inmediato superior, en que incluya actividades realizadas;

14. Es recomendable que se construya una base de datos con información suficiente y necesaria, que nos ayude a la localización rápida del tutor o el padre del estudiante, e indicar además si acuden o no a tutorías grupales, su estado en la escuela, etcétera.

Son importantes las modificaciones que se han realizado en la reforma curricular. Una de ellas es la modificación de retícula, en que se maneja de forma general la asignatura tecnología, informática, ciencia y sociedad

(TICS), hecho que le da elementos al estudiante para que incursione por el mundo de la cibernética, y pueda enlazarse con otras personas a través de correo electrónico, esto deriva en la posibilidad de manejar una tercera forma de tutoría, «a distancia», en que el joven tutorado y el tutor académico se conecten vía internet.

Este tipo de tutorías, un tanto despersonalizada, brinda la oportunidad de ampliar el número de contactos del tutor con sus tutorados. Al respecto, hemos recomendado fijar un horario para el *chat* con el profesor.

En el CBTa 30 ya se impulsa la construcción de una base de datos que nos permite conocer de manera rápida y expedita la situación que guardan los estudiantes tutorados. Esta central de control, la maneja esta autora de manera directa como coordinador de programas de tutorías, y solicita a los docentes sus reportes vía un disco de 3 ½ pulgadas.

Bibliografía

Alcántara-Santuario, A. (1990). «Consideraciones sobre la tutoría en la docencia universitaria», en *Perfiles educativos*, 49-50: 51-55, jul.-dic. CISE-UNAM, México.

Álvarez, M. J; y otros (2001). *Programas Institucionales de Tutoría. Una propuesta de la ANUIES para su organización y funcionamiento en las instituciones de educación superior*. 2da. ed. ANUIES, México.

ANUIES (2001). *Programas institucionales de tutorías*. ANUIES, México, D. F.

ANUIES (2000). *La educación superior en el siglo XXI. Líneas estratégicas de desarrollo. Una propuesta de ANUIES*. ANUIES, México.

ANUIES (2000). «Programa institucional de tutorías», colec. de la *Biblioteca de la educación superior*, serie Investigaciones. ANUIES, México, D.F.

ANUIES (2002). «Cuaderno de memorias», en el I Encuentro regional de tutorías, en Guadalajara, Jalisco, zona centro-occidente. ANUIES, México.

Cisneros-Hernández, L. (compiladora) (2001). *Tutoría académica*, documento de trabajo de la Universidad de Guadalajara. Jalisco, México.

Durón T., L.; Oropeza T., R. *et al.* (1999). «Actividades de estudio: análisis predictivo a partir de la interacción familiar y escolar de estudiantes de nivel superior», documento de trabajo, Facultad de Psicología. UNAM, México.

Gairín, J.; y otros (2004). «La tutoría académica en el escenario europeo de la educación superior», en *Revista Interuniversitaria de Formación del Profesorado*, 18 (1): 61-77. Madrid

Rodríguez, P. M. E.; Rojas, G. A. (2003). «La acción tutorial en el diseño e implementación de planes de estudio basados en competencias», en el I Foro institucional de tutoría académica, pp. 1-13. En http://148.202.105.12/tutoria/pdf1f/f010409.pdf.

Rubio, F. E. M.; Farías, B. M.; Orihuela, C. E. (2008). «Aportaciones al diseño de la tutoría académica en centros con elevado número de alumnos o con diversas titulaciones». Universitat de Girona, Universidad de Murcia, pp. 1-9. En http://dugi-doc.udg.edu/bitstream/10256/1016/1/230.pdf.

CAMBIO, GESTIÓN Y LIDERAZGO EN LA UTOPÍA DE COMPETENCIAS

Diagnóstico de competencias lingüísticas en alumnos de primeros niveles en la Facultad de Jurisprudencia, en la Pontificia Universidad Católica del Ecuador

Fabiola Díaz, Ecuador[8]

La lengua, más que un sistema de sonidos, unidades de significados y sintaxis, más que una herramienta para transmitir significados, es parte del comportamiento social, de ahí su carácter convencional. La sociedad moldea nuestra lengua. Nuestro entorno familiar, la clase social en que vivimos, la profesión que hemos adquirido, la actividad profesional mediante la cual impactamos en nuestro contexto, el entorno regional, las características étnicas que nos marcan, el género —y sus múltiples connotaciones—, las opiniones políticas generadas a nuestro alrededor, aparte de los medios afectivos en que nuestros sentimientos se fortalecen: todos estos factores generan lenguaje y su praxis forja, a su vez, transformaciones individuales y sociales.

Todo lenguaje es lenguaje en uso. Sin embargo, siempre nos movemos entre los planos práctico —lo cotidiano, lo útil, lo inmediato— y el metalenguaje —lo normativo, lo formal, la regla, la lengua oficial—. Lo gramatical, por su parte, constituye una de las competencias lingüísticas

---

[8]   Fabiola Díaz Guevara, Pontificia Universidad Católica del Ecuador, Quito, Ecuador.

vinculadas con la posibilidad de producir frases oportunas y con propósito definido. La intención expresiva, la manera de manifestarla y el entorno de sus condiciones son inseparables. La enseñanza de la gramática debe ser aprendida como parte del proceso de escritura y no escindida de él. Correlativamente, las competencias comunicativas implican, por tanto, el despliegue de capacidades relacionadas con el uso del lenguaje: competencias lingüísticas, discursivas y pragmáticas.

Los procesos cognitivos básicos deben transformarse en competencias en el uso del lenguaje escrito; son claves para la construcción de procesos superiores. Por ello, un déficit en procesos lingüísticos llevará a problemas de comprensión y aprendizaje en el conjunto del *currículum* académico en todo nivel.

Por la importancia que tiene el lenguaje, que modela, atraviesa e impregna todas las áreas del conocimiento, es fundamental que el planteamiento didáctico que hagamos se ajuste a las necesidades educativas de los estudiantes universitarios.

Las competencias en escritura y habilidades lingüísticas, desde los enfoques funcional y comunicativo de usos sociales en la lengua, se concretan en cuatro: escuchar, hablar, leer y escribir, contextualizadas en una gran variedad de géneros discursivos, orales y escritos (exposiciones académicas, debates, presentaciones, entrevistas, reseñas, asambleas, cartas, narraciones, autobiografías, tertulias, entre otros).

Los estudiantes que ingresan a primeros niveles de carreras universitarias presentan problemas de competencia lingüística, circunscritos en el ámbito de la lectura —y no sólo en el simple desciframiento de un código, sino que también en el paso conceptual hacia la comprensión— como en la obtención de significados, a nivel semántico (lo visual y no visual, lo objetivo y lo subjetivo en el texto).

Si consideramos la especialidad profesional, los textos jurídicos, por ejemplo —en su nivel de lenguaje y metalenguaje— serán difícilmente abordados por los estudiantes de la Facultad de Jurisprudencia.

En tal sentido, resulta imperativo determinar ¿cuáles son los niveles de competencia lingüística en que se encuentran los noveles universitarios?,

¿cómo se desenvuelven en el plano sociolingüístico?, ¿qué sistema léxico, fonológico y sintáctico utilizan? y ¿qué aspectos paralingüísticos apoyan su comunicación diaria, en el ámbito pragmático? Estos son cuestionamientos básicos en el presente estudio. Los procesos cognitivos básicos, por ejemplo las competencias comunicativas [1] en el lenguaje escrito, son llave para la construcción de procesos superiores. Un déficit en procesos lingüísticos llevará, sin duda, a problemas de comprensión y aprendizaje en el conjunto del currículo escolar. Y es que el lenguaje modela, atraviesa e impregna todas las áreas del conocimiento, por ello es importante descubrir sus falencias y desarrollar la totalidad de áreas de su competencia [2].

Una vez que dispongamos de un diagnóstico integral de competencias lingüísticas en estudiantes que ingresan a la Facultad de Jurisprudencia, el segundo aspecto por analizar será en torno a cuáles son las metodologías de enseñanza aprendizaje que deberían reforzarse para nivelarlos en estos aspectos, ¿amerita la estructuración de un eje temático transversal, en que primen metodologías de enseñanza aprendizaje con que se promuevan el desarrollo específico de competencias lingüísticas, y nos permita formar jóvenes más capacitados para enfrentarse a la vida estudiantil universitaria y, más tarde, a una vida profesional exitosa?

Como objetivo general nos planteamos determinar las competencias lingüísticas y de comunicación, mediante diversos instrumentos [3] útiles para medir conocimientos en diversas habilidades —ortográficas, sintácticas, semánticas— en estudiantes del primer nivel en la Facultad de Jurisprudencia, de la PUCE, en el primer semestre del año académico 2006-2007, a fin de proponer metodologías de enseñanza aprendizaje idóneas para su trabajo académico.

Asimismo, se adoptaron los siguientes objetivos específicos:

- El diseño de instrumentos para determinar el nivel de competencias comunicativas y lingüísticas, en sus diversas dimensiones;
- Aplicar esos instrumentos en estudiantes de primer nivel de la Facultad de Jurisprudencia;

- Analizar comparativamente los datos obtenidos en las diversas competencias lingüísticas;
- Proponer metodologías de enseñanza aprendizaje que permitan a estudiantes elevar sus niveles de competencia comunicativa y, correlativamente, sus habilidades académicas;
- Considerar metodologías de taller, participativas, dinámicas y motivadoras, mediante las cuales se descubra la importancia del lenguaje escrito como instrumento básico de comunicación social;
- Revisar los diversos ejes temáticos que presentan las carreras y considerar la inclusión de un eje transversal, en que se consideren las materias lingüísticas como instrumentos efectivos en el manejo académico de estudiantes;
- Determinar la importancia que tendrían las materias del eje transversal lingüístico, como un todo concatenado, diversificado en materias de formación del trabajo académico, técnicas de estudio, comunicación oral y escrita y metodología de la investigación.

Justificación

Los seres humanos han mostrado una profunda necesidad de plasmar experiencias en forma escrita. Escribir de manera clara y legible todos los mensajes que se desea transmitir indica la relevancia, utilidad individual, social y cultural del estudio lingüístico. Lo importante es que lo escrito por un sujeto pueda ser fácilmente leído —decodificado— por otros. En este punto, la enseñanza juega un papel importante, pues las estrategias metodológicas que el docente utilice para desarrollar el aprendizaje de dicha escritura y, por otro lado, las condiciones tanto psíquicas como motoras en el educando, harán efectiva esta destreza y potenciarán diversas habilidades.

Los lenguajes oral y escrito constituyen nuestro medio de comunicación por excelencia; se relaciona con todas nuestras actividades y, gracias a él, podemos demostrar a los demás, y a nosotros mismos, la capacidad que hemos adquirido para utilizarlo en nuestro beneficio.

Al señalar objetivamente, sin mayor profundidad, algunas de las funciones lingüísticas, descubrimos todas sus preciosas facultades: expresar nuestros sentimientos más íntimos, comunicarnos con nuestros seres queridos, mantener relaciones interpersonales en diversos niveles —formales e informales—, decodificar mensajes que observamos minuto a minuto y que nos permiten conducirnos adecuadamente en nuestro entorno, instruirnos en la amplitud de los caminos del conocimiento, con toda la gama que éste nos puede ofrecer y, sobretodo, nos permite descubrir paso a paso nuevas sabidurías, frescas e ingenuas al principio, pero que luego, con el pasar del tiempo y siempre que ahondemos en ellas, nos llevarán a mundos y situaciones en niveles insospechados.

«Del manejo del lenguaje depende, el logro de una buena comunicación, esencial de toda actividad humana: social, política, económica, personal», afirma Ana María Maqueo, lingüista mexicana [4].

El éxito futuro que pueda lograr un educando en su desarrollo escolar, depende en gran medida de la habilidad que éste haya adquirido en sus primeros años escolares, respecto a la correcta utilización del lenguaje escrito como instrumento de comunicación e interrelación social. La escritura debe entenderse como un instrumento de comunicación y un medio para satisfacer necesidades en la vida real. Todos los estudiantes son capaces de desarrollar el lenguaje escrito; si éste se reviste de importancia, al guardar relación con el contexto inmediato y significativo del educando, pasa a ser de simple tarea —mecánica e intrascendente— a convertirse en un acto de relevancia, con alcance atemporal.

El lenguaje —escrito y oral— participa íntimamente en procesos de cognición, memoria, atención, desarrollo del pensamiento, análisis y síntesis, por ello debemos asegurar su afirmación en la tarea de enseñanza aprendizaje.

Si un educando no consolida estas destrezas en sus niveles básicos, difícilmente se enfrentará a nuevos retos académicos, y arrastrará dificultades que ahondarán diferencias respecto de sus pares.

Otro aspecto importante, inherente al lenguaje, es su función comunicativa —sea informativa, emotiva, metalingüística, apelativa o poética—. El lenguaje es una vertiente de recepción, comprensión, emisión y recepción, continua y permanente, cíclica: si no se lo articula con eficacia, pierde esta capacidad y será anulado en el proceso. No cerrará el ciclo, no ejercerá su función. De esta afirmación se desprende la importancia de buscar un desarrollo del lenguaje armónico, coordinado, coherente, pues éste creará nuevos recursos intelectuales que facilitarán enormemente el pensamiento y favorecerán su independencia: permitirán aumentar la cantidad de información, reorganizarla, procesarla íntimamente, construir y reconstruir aprendizajes, en una permanente espiral hacia superiores niveles de conocimiento.

La adquisición por competencia es permanente: en este proceso es indispensable considerar hábitos de conducta, experiencias propias al interior de un contexto y, lo más importante, la motivación personal por amor al conocimiento.

Observemos en el esquema anterior los tres elementos que la desarrollan: *el saber* (lo conceptual), el *saber hacer* (el procedimiento) y el *saber ser* (la actitud, la valoración).

Componentes sociolingüísticos en la comunicación

Lenguaje e individuo

La facultad de adquirir una lengua es innata en el hombre, y se demuestra en una serie de actividades: «La lengua no es una obra» —nos dice Wilhelm Von Humbolt—, «es una *actividad*». A ella pertenece una serie de detalles, desde el balbuceo espontáneo, la asociación de impresiones auditivas con la sensación de movimiento en órganos del habla, el deseo y la admirable facultad de imitar sonidos oídos, entre otras muchas cosas. Indudablemente, en todo este accionar, la herencia es importante: el ser humano aprende por imitación a hacer un uso adecuado, funcional de su lengua materna, cuyo objetivo inherente es comunicarse.

En la obra de J. Lyons se plantean, gracias al diálogo que sustentan un lingüista, un psicólogo y un zoólogo, varios cuestionamientos alrededor de la comunicación, con base en un experimento de observación realizado en un campo de flores: un grupo de abejas ha localizado un lugar donde tomar su miel, inmediatamente vuelan hacia el panal y danzan frente a sus compañeras, con movimientos precisos, incluso se percibe en ese danzar el esbozo de un número ocho, bien definido. Toda esta actividad tiene como meta comunicar exactamente a sus compañeras distancia y lugar donde encontrarán alimento. Los elementos de una evidente comunicación se hallan presentes: hay un emisor que actúa y una recepción adecuada e inmediata en receptores.

La comunicación en abejas está circunscrita a las necesidades inmediatas de la vida. Busca de alimento y habitación. Esto también fue algún día el lenguaje humano y pertenece aún enteramente a sus funciones el servir, por decirlo así, como instrumento de comprensión de la vida diaria. Pero no ha quedado en eso. El lenguaje humano ha ensanchado el ámbito de sus funciones cada vez más: ha llegado a ser un medio para comprender el mundo y el verdadero fundamento de la comunidad humana. El lenguaje humano es un bien cultural, un hecho de la vida espiritual; el «lenguaje» en abejas es un fenómeno biológico.

¿Todos los seres vivos se comunican? Si consideramos los dos elementos ya nombrados: emisión de información, recepción y respuesta, la respuesta es afirmativa. Los medios de hacerse entender, ya sean movimientos corporales —como en las abejas— y no sonidos, como en el lenguaje humano, son irrelevantes, lo que importa es la consecución del proceso comunicativo.

También entre humanos hay lenguajes por gestos, cuando los fonéticos no pueden o no deben emplearse por cualquier razón, por ejemplo entre sordomudos, entre trapenses, cuya regla prohíbe hablar, o en estratos sociales que dan importancia a entenderse en secreto. Por tanto, sólo habría que preguntar si esas danzas en abejas son realmente símbolos y si forman un sistema.

Considerada desde un punto de vista semántico, la estructura léxica de una lengua y la estructura de su vocabulario, se la percibe como una amplia e intrincada red de relaciones de sentido: una enorme tela de araña multidimensional en que cada tramo establece una relación, y cada nudo de la red está definido por un lexema diferente.

Estas relaciones de sentido son de dos tipos: sustitutivas y combinatorias. «Sustitutivas», aquellas que se establecen entre miembros de la misma categoría, conmutables entre sí. Las «combinatorias» se establecen típicamente, aunque no necesariamente entre expresiones de diferentes categorías, por ejemplo entre nombres y adjetivos, o entre verbos y adverbios. Las relaciones sustitutivas de sentido, pueden constituirse en *hiponimia* e incompatibilidad. La relación de *hiponimia* se ejemplifica mediante parejas de expresiones del tipo de «perro» y «animal»: el primero es un hipónimo del segundo, el sentido de «perro» *incluye* el de «animal».

La expresión oral —primer estadio de actividad lingüística— se manifiesta mediante construcciones cortas, frases u oraciones, que mantienen una estructura sintáctica en su interior, pero cuya finalidad fundamental reside en la comunicación. La reacción del emisor actúa a su vez en la conversación como estímulo para el receptor, y hay que conocer muy exactamente el estímulo si se quiere entender la reacción.

Las oraciones en el sentido más abstracto son construcciones teóricas, postuladas por el lingüista, para explicar la reconocida «gramaticalidad» —orden sintáctico— de determinados enunciados posibles, y la «agramaticalidad» de otros —desorden sintáctico—. Pueden tener o no cierto tipo de validez psicológica en la producción e interpretación de enunciados lingüísticos; pero, realmente, no se dan como productos de enunciados inscritos y transcribibles.

Los textos —expresiones que forman «unidades» al interior de la comunicación—, tanto escritos como orales, son compuestos deliberadamente por sus «emisores» [7] como un todo discreto con determinados comienzos y finales. Las oraciones individuales al interior de un texto constituyen fragmentos oracionales (fragmentos elípticos) y las frases hechas sirven, todas ellas, como *texto* con respecto al contexto de enunciación: al margen de si están incrustados o no en trechos de *texto* más amplios.

Las unidades que componen un texto —coloquial o formal—, ya sean oraciones o no, no están simplemente ligadas entre sí en secuencia, sino que se relacionan de un modo contextualmente apropiado. El texto como un todo debe exponer claramente propiedades de *cohesión* y *coherencia* relacionadas, pero distintas. La elipsis [8] y el uso de pronombres, tanto como el uso de determinadas partículas de conexión y conjunciones —conectores: frases adverbiales o preposicionales— sirven para crear y mantener este tipo de interconexión a que se aplica el término *cohesión*. Las lenguas difieren considerablemente con respecto al grado en que permiten u obligan a sus usuarios a unir unidades del texto en secuencia, por medio de indicaciones explícitas de cohesión.

El otro tipo de interconexión, la *coherencia*, es un tema de contenido —semántico— más que de forma —sintáctico—. A falta de cualquier indicación contextual, lo que se dice en cualquier unidad del texto se supone que es relevante para lo que precisamente se acaba de decir en las unidades del texto inmediatamente precedentes.

El enunciado en una oración, en la práctica, supone siempre su «contextualización», de allí que cada individuo, en un proceso comunicativo, está pendiente de que su enunciado sea cohesionado y coherente con el contexto. Los *textos* son constituyentes de los *contextos* en que aparecen; los textos que los hablantes y escritores producen en determinadas situaciones, crean contextos y continuamente los transforman y remodelan.

Gran parte de la información transmitida desde el hablante hasta el oyente en una conversación ordinaria, es implicada más que expresada. En algunos casos, naturalmente, no está claro si el hablante pretende que el oyente establezca o no una determinada inferencia. Las palabras en suma, no tienen una acepción o alcance fijo; actúan continuamente en conexión con determinadas situaciones. Esto da pie a malas interpretaciones y conceptuaciones erróneas por un lado, y a la sutil manipulación de la opinión del oyente, por el otro; sin embargo, en lo que se puede considerar como la situación en cierto modo *estándar*, no sólo el oyente establece inferencias que el hablante pretende que establezca, sino también éstas son tales que el mismo hablante, si se le pidiese, las suscribiría. De allí la importancia del contexto. «El contexto determina el significado del enunciado en tres niveles distintos del análisis del texto. Primero se puede decir qué oración se ha enunciado, si realmente se ha enunciado una oración. Segundo, se dirá normalmente qué proposición se ha expresado, si se ha expresado una proposición. Tercero, puede servir para decirnos que la proposición de que se trate ha sido expresada con un tipo de fuerza elocutiva en lugar de otra» [9]. El contexto es relevante para determinar lo que se dice en los distintos sentidos de *decir.*

El contexto es un factor en la determinación del contenido proposicional de determinadas muestras en inscripciones de enunciado en distintas ocasiones de enunciación. Normalmente, operamos con información contextual subconsciente en nuestra interpretación de enunciados cotidianos. Muchas de las ambigüedades, tanto léxicas como gramaticales, pasan por tanto, inadvertidas. A veces nos damos cuenta de estas ambigüedades precisamente porque nuestra información contextual difiere en cantidad o amplitud de la de nuestro interlocutor. En tales casos, podemos fracasar en comprender lo que se nos dice, y dudar entre interpretaciones alternativas, o entender mal su enunciado al tomarlo en sentido equivocado. Es esta posibilidad la que aprovechan los humoristas y hombres de escena, que presentan deliberadamente el contexto de tal modo que su audiencia asigne inconscientemente una interpretación a una inscripción de enunciado; entonces, en un momento cumbre —que da lugar a risa y jocosidad— les advierten, de modo indirecto, que se han confundido.

John Lyons afirma que «tanto la prominencia determinada por el *contexto* como la *extracontextual,* naturalmente, se practican con propósitos más serios en la literatura, donde se puede esperar que el lector tenga presentes dos o más interpretaciones simultáneas y, o bien dude entre ellas o, en combinarlas de algún modo para elaborar una interpretación compleja más rica. Los filósofos y lingüistas consideran comúnmente la ambigüedad como si fuese patológica por naturaleza, algo que se interpone en el camino de la claridad y de la precisión» [10].

¿Qué decimos?, ¿sobre qué hablamos? La vida de los hombres es gobernada por requerimientos; debemos tomar actitudes frente a nuestros congéneres, dar un juicio sobre observaciones que realizamos. Responder, explicar, ampliar, consentir o disentir con nuestro entorno. De acuerdo a Protágoras [11], los pilares del discurso constituían el mandato, la pregunta, la respuesta y la exclamación. De esa histórica clasificación, parte la académica que hacemos hoy en oraciones: *enunciativas* o *aseverativas, exhortativas, interrogativas* y *exclamativas*, en su tinte negativo o afirmativo.

El afirmar o negar algo, exhortar o motivar a los otros, cuestionarnos o responder a inquietudes de los demás, exclamar con mayor o menor carga emocional, es parte de nuestro ámbito comunicativo. Nuestro mundo temático no sólo se refiere a hechos concretos, sino a conceptos del pensar humano, como la libertad, el amor, la bondad, la justicia, el derecho, toda la gama de sentimientos y sensaciones sobre los cuales debemos expresarnos y tomar posición.

Comunidad lingüística

El sentido en el discurso debe ser el mismo para toda persona participante en una conversación, pues de otro modo no es posible la comprensión. Las vivencias psíquicas personales que acompañan al hablar y al entender son muy variables, y si no las comprendemos, transformarían al discurso en una retahíla de frases ambiguas y confusas. La comunidad en medio de la cual se establece el diálogo es independiente de la disposición psíquica de cada individuo. El discurso personal se dirige hacia afuera, hacia la comunidad.

Gran parte de nuestra conducta lingüística cotidiana está tan íntimamente unida con otros tipos de conducta social, que la aparición de un enunciado con determinada fuerza elocutiva [12] se puede predecir a menudo a partir de la situación socialmente identificable en que aparece. En este punto podríamos cuestionarnos alrededor de los grupos lingüísticos y sus diversos códigos, los idiomas. Al aprender una nueva lengua, lo primero que detectamos es que no sólo estamos al frente de un nuevo código, sino que ante una cultura distinta: debemos integrarnos a ese *nuevo mundo* para descifrar de mejor manera sus claves, y aprender a decodificarlas adecuadamente.

Si la humanidad fuera realmente una sola, sería tan grande su poder que podría inducirla a orgullo desaforado; pero una sola en el sentido de «obrar en común», únicamente podemos imaginarla si hablásemos la misma lengua. La comunidad idiomática es el primer presupuesto para que sean en general posibles realizaciones humanas comunes; es decir, cultura. Por tanto, donde quiera que encontremos obras culturales, hallamos como su condición previa la lengua; o mejor dicho, la comunidad de los hablantes. Sin embargo, en la realidad no hallamos precisamente «la lengua» y «la comunidad de los hablantes», sino que antes bien «lenguas» y «comunidades lingüísticas», en plural. Cada hombre que sabe hablar, *habla* una lengua y pertenece a una determinada comunidad idiomática. Toda la humanidad se divide, inevitablemente, en comunidades idiomáticas.

Si la comunidad idiomática no fuese más que un medio técnico para el comercio diario, entonces no sería tan difícil aprender a fondo y dominar realmente una lengua extranjera. La dificultad se funda en que la comunidad extranjera no solamente posee otros signos lingüísticos, sino que también otro modo de pensar y ver, en que se concibe y articula el mundo en otra forma, en que es abordada con otra sensibilidad y otra voluntad. Éste es, pues, el sentido más profundo de la comunidad idiomática: tener una lengua común en el mundo, una posición común frente a él.

¿Cómo se han formado estos grupos lingüísticos? La experiencia enseña que un grupo humano debe haber aprendido la disposición para los mismos modos de comportarse, pues de otra forma no tiene lugar entre ellos una conversación. Es siempre disposición para una gran cantidad de modos de comportarse, que poseen en común individuos que hablan entre sí. La condición previa en la conversación es, por consiguiente, *«comunidad lingüística,* y esto significa posesión común de la disposición para determinados modos de comportarse, que podemos llamar brevemente posesión de una lengua, sin que haya que temer una confusión como si se tratase de la posesión de cosas» [13].

El hecho de que individuos humanos hablen la misma lengua los pone en contacto recíproco mucho más estrecho antes que por su condición de ser hombres. La importancia de esto se ve a diario en todas partes. La diferencia idiomática es entre humanos una barrera más efectiva y que llega más hondamente a la esencia que las convicciones políticas o religiosas. Sobre éstas se puede discutir, que es una clara forma humana de relación, cuando se habla la misma lengua. En cambio, hombres que no tienen lengua alguna en común se ven obligados a permanecer en las más simples relaciones biológicas. La comunidad lingüística permite actuar en un mundo de nuevas exigencias [14].

Ahora bien, es indiscutible que un hombre puede cambiar de comunidad lingüística en el curso de su vida.

También sucede con frecuencia que alguien, incluso grupos enteros pertenezcan a un tiempo a varias comunidades; pero en la construcción de su personalidad desempeña no obstante un papel decisivo la lengua que primero han adquirido: *la lengua materna*. La han aprendido a un tiempo con la orientación en el mundo: conquistar su mundo, era la misma experiencia vital. Todos los demás idiomas los asimila el sujeto sobre la base de un mundo que ya posee; en cambio, el idioma materno lo adquiere al mismo tiempo que su conocimiento del mundo. Toda lengua históricamente desarrollada es *lengua materna* para la comunidad que la habla.

¿Cómo se constituyen las formas especiales dentro de una comunidad idiomática? Hay grupos humanos que, por los más variados motivos, viven en estrechísimo contacto y gracias a ello desarrollan también hábitos de hablar comunes. Tales motivos pueden ser vecindad local —dialectos—, posición social —lengua de clases sociales— o comunidad de condiciones de vida especiales —jerga—. Son siempre las relaciones entre individuos las que forman el grupo, en que nace luego la forma especial de la lengua.

El modo de hablar en torno a la mesa del café y en el círculo de colegas lo llamamos «lengua vulgar»; la de instancia y de junta directiva, «lengua culta» o «literaria». La diferencia no depende de los hablantes, sino de la finalidad de lo hablado y de su contexto. Cada profesión, cada círculo de intereses tiene sus términos técnicos y sus giros especiales, que es necesario haber aprendido; detalles extraños al foráneo, a quien viene de fuera. Hay pues, una multitud de lenguas técnicas, de las cuales también dominamos una o más, según nuestra profesión, junto a nuestra lengua común. Sin embargo, a diferencia de la «jerga», la «lengua técnica» está determinada por el asunto y no por el círculo de personas.

Por todo el análisis anterior, deducimos que la comunidad idiomática no es unitaria, sino diversamente articulada: una comunidad de comunidades. El espacio lingüístico tiene varias dimensiones: dialectos, lenguas de las clases sociales, jergas o hablas especiales, cuyos hablantes participan todos, en principio, en una lengua común dominante. Hay, además, el importante contraste entre lengua vulgar y lengua culta, y, finalmente, las posibles lenguas técnicas. Todas se apoyan sobre una base de posesión lingüística común: variantes de la misma lengua.

Una lengua común se basa en la mayoría de los casos sobre un determinado dialecto que se acepta en otras áreas dialectales como medio general de entenderse junto al modo de hablar local. Las razones para que generalmente ocurra cosa semejante son en primera línea las necesidades en el tráfico y la administración; en segundo lugar, la literatura y la ciencia, cuyo alcance debe traspasar las estrechas fronteras de un territorio dialectal. ¿Cómo puede un dialecto servir de base para una lengua común? En primer lugar, la hegemonía política del territorio dialectal en cuestión; y en segundo, su prestigio cultural.

La relación entre lengua común y dialectos sucede de tal forma que una y otros coexisten, se fecundan y estimulan mutuamente. Los dialectos extraen de la lengua común un léxico más abundante y una mayor variedad en construcciones; la lengua común recibe del intercambio: color, expresividad y realismo. Estas relaciones no dejan de ser peligrosas para ambas partes. Si la lengua común bebe con exceso y sin selección de la fuente de sus respectivos dialectos, pierde su uniformidad, y con ello la posibilidad de desempeñar su papel. Será entintada de una serie de modismos y léxicos regionales, que confluirán en un mestizaje inapropiado para la lengua formal u oficial.

La presentación de estas variaciones dialectales, que darán lugar a cambios idiomáticos, años después, se concreta en el ámbito morfológico, fonético, semántico, sintáctico y de léxico. En los primeros y segundos varía la forma en las palabras; pero las «fonéticas» son mutaciones por evolución más o menos regulares en la pronunciación, sin nexo con su función gramatical [15]. Las variaciones «morfológicas» o sustituciones relacionadas con la función gramatical, y no a causa de evolución regular, se manifiestan muy lentamente, unas tras otra, y sólo en siglos se acumulan para dar lugar a una forma de hablar plenamente divergente. Muchas de estas variaciones están en manifiesta conexión entre sí [16].

Las peculiaridades morfológicas más significativas en el lenguaje común dialectal en el español hablado en el Ecuador, suponen ciertas variantes fonomorfológicas (fonéticas y morfológicas) evidentes en la construcción de diminutivos y en el uso del género; el substrato lingüístico que determina nuestro dialecto lo proporciona el quichua [17].

Revisión de aspectos sociales, extralingüísticos y paralingüísticos al interior de competencias comunicativas

En líneas precedentes hemos mencionado como Dell Hymes (1972), sociolingüista, propuso el establecimiento de un enfoque que se ocupara de investigar reglas de *uso* de una lengua en su medio ambiente: en los diversos contextos sociosituacionales en que se realiza la comunicación verbal en una comunidad. Este enfoque evidencia reglas que configuran la competencia comunicativa de sus miembros; además, subrayó que la dicotomía chomskiana «competencia» y «actuación» era insuficiente para explicar reglas de uso en la interacción lingüística en la sociedad.

La competencia lingüística es el conocimiento tácito de la lengua en un hablante [18] La «actuación lingüística», por su parte, es el uso real de esa lengua en situaciones concretas. La actuación puede ser influida por factores psicológicos, tales como temor, descuido, nerviosismo, etcétera;

por factores fisiológicos, a saber, dolor o cansancio; factores ambientales, como ruido, un nuevo ambiente, etcétera. Hymes criticó esta dicotomía al afirmar que la teoría generativa-transformacional «propone objetos ideales (hablante-oyente) abstraídos de los rasgos socioculturales que podrían entrar en esta descripción», ya que tanto la distinción *competencia/actuación* como la de *langue/parole* de Saussure, surgen de la observación en fluctuaciones de la gramaticalidad del habla en individuos, habla que no refleja directamente su conocimiento gramatical [19].

Si se supone que el conocimiento en un hablante adulto de una lengua no fluctúa de momento a momento, tal como lo hace la gramaticalidad en sus enunciados, la tarea del lingüista será la de describir el conocimiento permanente de su lengua: *su competencia lingüística.* Se deja al psicolingüista o al sociolingüista el describir cómo estos factores psicológicos, fisiológicos o ambientales interfieren o interactúan con la competencia lingüística para producir enunciados «agramaticales», que son típicos en situaciones interpersonales de la comunicación diaria.

De lo anterior se desprende que un modelo de lengua no sólo debe reflejar aspectos de competencia lingüística, sino que también factores sociales y culturales que circunscriben al hablante-oyente en su vida social y en su comunicación. La comunidad lingüística debe ser definida en términos del conocimiento compartido y de la competencia de sus miembros, para la producción e interpretación del habla socialmente apropiada.

Propone Hymes que la competencia comunicativa se entenderá como un conjunto de habilidades y conocimientos que permiten que hablantes en una comunidad lingüística puedan entenderse. Todo acto comunicativo entre dos o más personas en cualquier situación de intercambio, está regido por reglas de interacción social, las que define como «*quién* habla a *quién* (interlocutores), *qué* lengua (variedad regional, variedad de edad, sexo o estrato social), *dónde* (escenario), *cuándo* (tiempo), *acerca de qué* (tópico), con qué *intenciones* (propósito) y *consecuencias* (resultados)» [20]. En esta definición se reconocen elementos pragmalingüísticos [21] y psicológicos involucrados en la comunicación interpersonal.

La «competencia comunicativa» resulta ser una suma de competencias: lingüística, sociolingüística, pragmática y psicolingüística. A su vez, cada una de ellas se compone de «subcompetencias».

Noam Chomsky (1980) introduce el concepto de «competencias lingüísticas» para explicar el carácter creativo o generativo en nuestro lenguaje, y así da cuenta de la extraordinaria facilidad con que el niño se apropia del sistema lingüístico. Cada vez que hablamos, ponemos en uso o actualizamos nuestro conocimiento sobre las reglas finitas que rigen el sistema lingüístico que empleamos (es decir, la gramática particular de una lengua). Es a ese conocimiento, de carácter formal y abstracto, al que Chomsky denomina «competencia lingüística», y el cual, según la teoría, resulta de la especialización de un saber lingüístico aún más abstracto: la gramática universal o dispositivo para adquirir el lenguaje.

La competencia lingüística es el conocimiento de reglas o principios abstractos que regulan el sistema lingüístico —así como creemos que está representado en la mente de los hablantes y que es parcialmente innato, en el sentido de que no deriva totalmente de la experiencia—. Este conocimiento no es accesible a la consciencia de quien lo usa y sólo tenemos evidencia de él a través de la actuación o desempeño lingüístico.

Dell Hymes [23] introduce la idea de competencia comunicativa para incorporar y reconocer el papel fundamental que tienen los elementos de circunstancia de comunicación en nuestro hacer lingüístico. Vigotsky considera que en nuestra actividad mental tienen un papel modelador los «artefactos culturales». Por eso la competencia resulta inseparable del contexto o situación particular en que ella se expresa. Se es competente para cierto tipo de tareas y la competencia en el individuo puede cambiar si se cuenta con herramientas simbólicas o instrumentos culturales adecuados. Ser competente, más que poseer un conocimiento, es saber utilizarlo de manera adecuada y flexible en nuevas situaciones.

Ésta es la idea que llega al campo de la educación para designar aquellos logros en el proceso, relacionados con el desarrollo de competencias básicas [24] y que podemos diferenciar del aprendizaje de contenidos curriculares.

Marco empírico

Categoría espacio-temporal: Pontificia Universidad Católica del Ecuador (PUCE), en la Facultad de Jurisprudencia, estudiantes de primer nivel y primer semestre, en el año lectivo 2006-2007: septiembre 2006 a enero 2007.

Hipótesis

El escaso nivel de competencias lingüísticas que presentan estudiantes de primeros niveles en la Facultad de Jurisprudencia, de la PUCE, —en su riqueza verbal, estructura sintáctica y semántica, conocimientos ortográficos y dominio de diversos niveles de lectura— dificulta sus rendimientos académico y de estudio.

Metodología

Diversos instrumentos [7] fueron diseñados para registrar el nivel en competencias lingüísticas de estudiantes, en sus diversos aspectos: dominio ortográfico y uso adecuado de signos de puntuación; manejo de léxico, con sus correspondientes sufijos y prefijos; coordinación semántica en contexto; coordinación sintáctica y lecturas comprensivas inferencial, analítica y argumentativa.

Dichos instrumentos se aplican —controlando el tiempo de aplicación— y se mantiene un contacto permanente con estudiantes, a fin de guiarlos en la comprensión adecuada de instrucciones.

A partir de los datos recabados, se procede a evaluar los instrumentos y se realizan un estudio descriptivo y un análisis estadístico correlacional.

Universo de observación

Alumnos que ingresan a la Facultad de Jurisprudencia, primer nivel, para el curso de septiembre de 2006 a enero de 2007: un total de 73 estudiantes. Todos los estudiantes, admitidos en primer nivel, serán objeto de estudio.

Instrumentos de medición

Los instrumentos de investigación fueron los siguientes:

1. Diseño de cuestionario de competencias lingüísticas y de comunicación, en el cual se especificaban dimensiones morfológicas, sintácticas, semánticas y pragmáticas;
2. Elaboración de guías de entrevistas a docentes de primer nivel, en las diversas cátedras, en cuanto a habilidades lingüísticas —fortalezas y debilidades— que presentan alumnos en diversas actividades académicas que les son propuestas;
3. Diseño de cuadros o tablas de doble entrada —materias y valores— para captar datos cuantitativos obtenidos por estudiantes en el desarrollo académico del primer semestre, septiembre de 2006 a enero de 2007.

Tabla 1. Evaluaciones máximas y mínimas obtenidas mediante aplicación de instrumentos de competencias lingüísticas

Instrumento	Estudiante #	Nota máxima	Estudiante	Nota mínima
1ero. ortografía	26	18	28	5
2do. léxico	9	17	28	2
3ero. semántica	30	16	25	5
4to. sintaxis	5	20	71	2
5to. inferencia	3	20	13	6
6to. análisis	2	20	43	4
7mo. argumento	3	20	28	8

Fuente: elaboración propia.

Como podemos observar, el estudiante 28 obtiene los mínimos puntos en algunos instrumentos. ¿Nos permitiría este dato considerar que la educación de nivel medio recibida no fue suficiente? No podemos realizar estas generalizaciones; sin embargo, no podremos descartar la posibilidad de variables no controladas, como nerviosismo o falta de comprensión en instrucciones impartidas.

Al considerar la media en cada instrumento, determinamos el porcentaje de estudiantes que está sobre la media o bajo ella.

Revisemos los siguientes datos:

Tabla 2. Análisis de porcentajes en consideración a la media obtenida en instrumentos aplicados

Instrumento	Promedio	Número de estudiantes sobre media	Porcentaje	Número de estudiantes bajo media	Porcentaje
1ero.	11.9	41	56.16%	32	43.8%
2do.	9.9	39	53.42%	34	46.57%
3ero.	11.2	38	52.05%	35	47.94%
4to.	15.0	43	58.90%	30	41.09%
5to.	14.8	42	57.53%	31	42.46%
6to.	14.8	43	58.90%	30	41.09%
7mo.	14.3	40	54.79%	33	45.20%
Promedio	**13.11**	**40.8**	**55.95%**	**28.28**	**44.12%**

Fuente: elaboración propia.

En la última fila se señalan promedios para cada una de las columnas: gracias a estos datos, podemos determinar que el promedio general (13.11/20), correspondiente a casi 41 estudiantes, constituye el 55.96% del total, cuyos resultados se encuentran sobre la media; mientras que el resto de estudiantes, 28 de ellos, con un porcentaje de 44.12%, alcanzan una evaluación de resultados bajo la media. La apreciación valorativa de datos obtenidos nos permite confirmar, a simple vista, el escaso nivel de conocimientos en estudiantes en aspectos de competencias lingüísticas, incluso se subraya el elevado porcentaje con bajas evaluaciones.

Si combinamos, desde otra perspectiva las pautas de evaluación cuantitativa respecto de las cualitativas, obtenemos datos en el primer instrumento, en cuanto a conocimientos ortográficos y de signos de puntuación.

Es importante agregar, además, el porcentaje de alumnos que obtienen los diferentes valores, con respecto al total del grupo evaluado. Se observa que el 56.16% —cifra más alta— de estudiantes presenta escaso nivel o mínimo conocimiento en esta competencia en particular.

Tabla 3. Análisis de datos obtenidos mediante el primer instrumento: conocimientos ortográficos

Valor	Calificación	Especificación	Número de estudiantes	%
20-19	Sobresaliente	Posee competencias óptimas.	2	2.73%
18-17	Muy buena	El conocimiento en competencias es adecuado.	2	2.73%
16-15	Buena	Manifiesta cierto dominio en competencias.	10	13.69%
14-13	Regular	El dominio en competencias no es adecuado.	19	26.02%
12-11	Deficiente/ Insuficiente	Presenta nivel escaso o mínimo de conocimiento en competencias.	41	**56.16%**

Fuente: elaboración propia.

II. En cuanto al segundo instrumento, conocimiento del léxico y uso de prefijos y sufijos.

Tabla 4. Análisis de datos obtenidos mediante el
segundo instrumento: conocimiento léxico

Valor	Calificación	Especificación	Número de estudiantes	%
20-19	Sobresaliente	Posee competencias óptimas.	1	1.36%
18-17	Muy buena	El conocimiento en competencias es adecuado.	2	2.73%
16-15	Buena	Manifiesta cierto dominio en competencias.	7	9.58%
14-13	Regular	El dominio en competencias no es adecuado.	11	15.06%
12-11	Insuficiente	Presenta nivel escaso o mínimo de conocimiento en competencias.	52	**71.2%**

Fuente: elaboración propia.

La consideración anterior en cuanto al porcentaje más alto alcanzado, 71.2%, es reiterativa. El mayor número de estudiantes, 52 de 73, obtiene una evaluación de nivel insuficiente. Se realizará el análisis del contenido temático más adelante.

III. Porcentajes obtenidos en el tercer instrumento, correspondiente a coordinación semántica.

Tabla 5. Análisis de datos obtenidos mediante el
tercer instrumento: coordinación semántica

Valor	Calificación	Especificación	Número de estudiantes	%
20-19	Sobresaliente	Posee competencias óptimas.	0	0%
18-17	Muy buena	El conocimiento en competencias es adecuado.	0	0%

16-15	Buena	Manifiesta cierto dominio en competencias.	8	10.95%
14-13	Regular	El dominio en competencias no es adecuado.	15	20.54%
12-11	Insuficiente	Presenta nivel escaso o mínimo de conocimiento en competencias.	50	**68.49%**

Fuente: elaboración propia.

El porcentaje más alto —68.49%— se mantiene en último nivel; los estudiantes manifiestan por medio de la evaluación con este instrumento, escasa o mínima habilidad en coordinación semántica.

IV. En el cuarto instrumento, de coordinación sintáctica, obtuvimos los siguientes datos:

Tabla 6. Análisis de los datos obtenidos mediante el cuarto instrumento: coordinación sintáctica

Valor	Calificación	Especificación	Número de estudiantes	%
20-19	Sobresaliente	Posee competencias óptimas.	15	20.54%
18-17	Muy buena	El conocimiento en competencias es adecuado.	16	**21.9%**
16-15	Buena	Manifiesta cierto dominio en competencias.	12	16.43%
14-13	Regular	El dominio en competencias no es adecuado.	16	**21.9%**
12-11	Insuficiente	Presenta nivel escaso o mínimo de conocimiento en competencias.	14	19.17%

Fuente: elaboración propia.

En este instrumento, los porcentajes no son extremos. Se advierte que el 21.9% se repite en los niveles de «muy buena» y «regular». El promedio alcanzado es de 15/20 puntos. Consideraremos más tarde la especificidad temática del instrumento; sin embargo, afirmaríamos —de acuerdo con los datos obtenidos— que los alumnos manifiestan cierta competencia en cuanto a coordinación sintáctica, conocimiento de estructura lingüística.

V. Al revisar el quinto instrumento, de lectura comprensiva en el nivel inferencial, observamos lo siguiente:

Tabla 7. Análisis de datos para el quinto instrumento:
lectura comprensiva, nivel inferencial

Valor	Calificación	Especificación	Número de estudiantes	%
20-19	Sobresaliente	Posee competencias óptimas.	19	26.02%
18-17	Muy buena	Conocimiento en competencias es adecuado.	10	13.69%
16-15	Buena	Manifiesta cierto dominio en competencias.	13	17.80%
14-13	Regular	Dominio en competencias no es adecuado.	1	1.36%
12-11	Insuficiente	Presenta nivel escaso o mínimo de conocimiento en competencias.	30	41.09%

Fuente: elaboración propia.

El dato porcentual —41.09%— nos permite continuar con la reiteración: 30 alumnos manifiestan escaso o mínimo conocimiento en cuanto a lectura inferencial; sin embargo, no debemos descartar que el 26.02% posee un nivel óptimo en competencias para este tema.

VI. El sexto instrumento, con que se evalúa la lectura comprensiva en el ámbito analítico, arrojó estos datos:

Tabla 8. Análisis de datos obtenidos mediante el sexto instrumento: lectura comprensiva: nivel analítico

Valor	Calificación	Especificación	Estudiantes #	%
20-19	Sobresaliente	Posee competencias óptimas.	18	24.65%
18-17	Muy buena	Conocimiento en competencias es adecuado.	0	0%
16-15	Buena	Manifiesta cierto dominio en competencias.	25	34.24%
14-13	Regular	Dominio en competencias no es adecuado.	0	0%
12-11	Insuficiente	Presenta nivel escaso o mínimo de conocimiento en competencias.	30	41.09%

Fuente: elaboración propia.

Observemos que el mayor porcentaje —41.09%— se ubica en el nivel insuficiente, pero el 34.24% de los estudiantes sí manifiesta cierto dominio en esta competencia, la lectura comprensiva en el nivel analítico. Analizaremos más adelante el contenido específico del instrumento.

Conclusiones

El ser humano es eminentemente un ser gregario; su entorno social lo modela, lo construye. Al interior de éste manifiesta su quehacer, expresa emociones, establece contactos y perfecciona su forma de ser. ¿Cómo lo logra?, mediante la comunicación, en primera instancia, oral; más tarde, en forma escrita.

Hemos afirmado al principio del presente estudio que el hablante ideal es aquel que ha desarrollado en nivel óptimo su capacidad para la producción de mensajes. Para tal fin, intervienen factores como memoria, atención, elaboración de pensamiento, análisis y síntesis: fases inherentes a todo proceso educativo.

«Es el lenguaje la materia prima para esta construcción del pensamiento», hemos afirmado con anterioridad. Si observamos el esquema de comunicación (emisor-mensaje-receptor), podemos fácilmente determinar que estamos frente a un circuito que se regenera sobre sí mismo: el momento en que comenzamos un ciclo comunicativo, éste va creciendo en sí mismo como una bola de nieve; si nada lo detiene —un ruido, una interferencia, un mensaje incomprensible— podría ir a cualquier lugar y será capaz de crear, construir y generar un proceso comunicativo infinito. ¿Es necesario este tipo de comunicación en el mundo actual, en que la individualidad es la norma? La respuesta es positiva, por cuanto todos necesitamos comunicar nuestros logros, nuestros avances, los resultados de nuestras investigaciones: aquí reside la importancia de las competencias lingüísticas.

Si la competencia en sí misma, como un logro académico, comprende en su interior el *saber* —conocimiento—, el *hacer* —actividades con logros— y el *valorar* —actitudes y comportamientos—, es importante instrumentar metodologías adecuadas que subrayen la importancia de este concepto pedagógico, que no se quede en el nimio compromiso de su formulación, que se ejecute en el diario quehacer académico.

En este contexto, el constructivismo es la corriente de pensamiento pedagógica que nos proporciona el enfoque adecuado para el análisis de esta investigación, por cuanto se sostiene que tanto en aspectos cognoscitivos como sociales, el individuo es un resultado de sus disposiciones internas, y su aprendizaje constituirá una construcción permanente sobre una base de conocimientos previos. ¿Qué conocimientos traen los estudiantes a las aulas universitarias en el área lingüística?

La evaluación de este saber nos ha permitido analizar ciertos aspectos. Un primer informe nos lleva a consolidar datos con respecto a lo que ya intuíamos —parte del conocimiento subjetivo en el problema—: había carencia de habilidades, poca destreza en uso de instrumentos de investigación, mediana o nimia fortaleza en comprensión lectora, escaso nivel de razonamiento y argumentación, tanto en las áreas oral como escrita. Estos datos podrían igualmente considerarse para analizar qué sucede con colegios de nivel medio en otras ciudades en el país, al considerar como punto de partida aquellos cuyos estudiantes fueron objeto de análisis, como el Salesiano de Riobamba.

En cuanto a porcentajes obtenidos en cada uno de los instrumentos, de acuerdo a rangos cualitativos de «sobresaliente» a «insuficiente», se ha permitido determinar que el nivel de insuficiente es el de mayor relevancia. Este dato, aparte de confirmar lo que conocíamos subjetivamente, nos preocupa, por cuanto que es en la universidad y sus contenidos temáticos en que se debe asumir esta falencia y consignarla en su quehacer académico. Así, pues, no se la puede soslayar.

La dificultad presentada en cuanto a obtención de resultados académicos en el grupo de estudiantes, sujetos de estudio, al finalizar su primer nivel universitario, nos dio lugar a una confirmación general de la hipótesis planteada; sin embargo, la correlación estadística que se presenta en los datos obtenidos, se puede calificar como un indicio que confirmaría la relación existente entre valor obtenido en el instrumento aplicado y promedio académico de sus estudios en primer nivel.

En este aspecto, los datos que proporcionados, permitieron determinar que estos alumnos, en sus estudios universitarios de primer nivel —para las materias de introducción a la economía, teoría general del derecho, introducción al derecho—, cátedras en que se utilizan básicamente destrezas y habilidades lingüísticas, mantienen el rango de evaluación obtenido en instrumentos de medición aplicados en septiembre. Por ejemplo, quien obtuvo una evaluación de 16/20 en instrumentos de medición aplicados, reiteró este nivel de evaluación al finalizar sus estudios de primer nivel, para finalizar sus resultados (en ellos) un 15/20 de promedio; en cambio, quien obtiene un 10/20, igualmente mantiene el rango de insuficiente en estudios universitarios, con un valor de 12/20 al finalizar el primer nivel. La relación visible entre los datos, permite afirmar que sí existe correlación, en los casos estudiados, entre conocimiento previo de habilidades lingüísticas adquiridas en el ciclo medio de sus estudios y su desempeño académico universitario. Sin embargo, esta afirmación no puede ser objeto de mayor generalización.

Gracias a la cátedra impartida durante el semestre —marco temporal de la investigación: septiembre de 2006 a enero de 2007—, fue posible aplicar un segundo instrumento de evaluación en competencias lingüísticas a un grupo de dieciséis estudiantes (21,9% del total), a fin de obtener otros datos comparativos. Estos informes revelan características adicionales. Al ser considerado este grupo de estudiantes como un grupo experimental, se enfocan las metodologías de enseñanza-aprendizaje, al interior del aula, a fin de reforzar sus habilidades en el ámbito de competencias lingüísticas, con base en lecturas constantes y énfasis en los niveles propositivos, inferenciales y argumentativos.

Los estudiantes universitarios se encuentran en un proceso de aprendizaje y a las puertas de ingresar al mundo profesional que les ofrece ciertas perspectivas, pero si ellos egresan de las aulas universitarias con la suficiencia como para generar proyectos e ideas, no sólo se *adaptarán* a la sociedad, la podrían reconstruir, mejorar, cambiar: éste es el desafío que enfrentan las instituciones de educación superior. Si no se forma este tipo de profesionales, ¿cuál es su aporte a un mundo en transición?

Por ello, no sólo debemos aprender a manejar nuestras competencias lingüísticas; debemos a través de ellas comunicarnos en forma efectiva, impartir y exponer nuestros proyectos y nuestras ideas, a óptimo nivel, a fin de que todos puedan comprender nuestros requerimientos y se sumen a dichos proyectos. Si así lo hacemos, de seguro que nuestro puesto 83 en la clasificación de medio desarrollo humano (0.765) podría mejorar.

El pensamiento del antropólogo Frank Boas nos permite aclarar ideas en cuanto a la relación del ser humano con el mundo: al comunicarnos reflejamos nuestro quehacer, nuestra forma particular de comprender el entorno. Si lo hacemos en forma efectiva, permitiremos que los otros aprendan de nuestro quehacer y viceversa.

Finalmente, es importante reafirmar que el mundo acelerado en que vivimos, conceptuado como «era del conocimiento», ya no permite relacionar directamente el sistema académico, de aulas y actividades presenciales, con aprendizaje: nos encaminamos hacia nuevos espacios, la mayor parte de ellos «virtuales»; por tal motivo, es necesario ayudar a nuestros estudiantes a desarrollar sus «competencias», a fin de que sean capaces de una autonomía en el aprendizaje.

Referencias

1. El eje principal en la educación por competencias es el desempeño, entendido como expresión concreta de recursos que pone en juego el individuo cuando lleva a cabo una actividad; aquí se pone énfasis en el uso o manejo que el sujeto debe hacer de cuanto sabe. (Malpica, 1996).

2. En las competencias se manejan «aspectos cognitivos» (se asimila información y se desarrollan habilidades); «comunicativos» (procesos de escritura, competencias lectoras, diálogos asertivos y efectivos, escucha pertinente y adecuada); «socioafectivos» (autoestima, trabajo en equipo, valorar a otros, el contexto y el saber en general).

3. Estos comprenden a: I) aspectos ortográficos: letras, tildes y signos de puntuación; II) conocimiento lingüístico de prefijos, sufijos, identificación de raíces griegas y latinas; III) comprensión semántica entre términos sinónimos, antónimos, homófonos y parónimos; IV) coordinación semántica y sintáctica, en un ejercicio de contextualización; V) destreza lectora a nivel inferencial, con base en un artículo periodístico; VI) destreza lectora en el plano interpretativo en un texto de tema jurídico; VII) aplicación del nivel argumentativo en un escrito con estructura de ensayo.

4. Maqueo, A.M. (1994). *Redacción*. Editorial Noriega, México.

5. Según Joseph Forgas (2004, *Handbook of Affect and Social Cognition*), la «competencia» es un conjunto de conocimientos, habilidades y valores, que se manifiestan vía un desempeño profesional eficaz, en la solución de problemas en su profesión, u otros no predeterminados. De acuerdo a un estudio de Nelson Rodríguez Trujillo (2006, Ph.D. Escuela de Psicología, Universidad Central de Venezuela): «Las competencias combinan en sí, algo que los constructos psicológicos tienden a separar (a sabiendas de la artificialidad de la separación): lo cognoscitivo (conocimientos y habilidades), lo afectivo (motivaciones, actitudes, rasgos de personalidad), lo psicomotriz o conductual (hábitos, destrezas) y lo psicofísico o psicofisiológico (por ejemplo, visión estroboscópica o de colores). Aparte de esto, los constructos psicológicos asumen que los atributos o rasgos son algo permanente o inherente al individuo, que existe fuera del contexto en

que se pone de manifiesto, mientras que las competencias están claramente contextualizadas; es decir, que para ser observadas, es necesario que la persona esté en el contexto de la acción de un trabajo específico».

6. Lyons, J. (1998). *Lenguaje, significado y contexto*, p. 96. Editorial Paidós comunicación, Barcelona.

7. Consideremos que en el «esquema de comunicación humana», se presentan básicamente los tres elementos: emisor, mensaje y receptor; alrededor de ellos encontramos el canal, código y contexto o mundo referencial.

8. Elipsis: figura retórica consistente en omitir palabras, sin perjudicar la claridad en la frase.

9. Lyons, J. (1998). *Lenguaje, significado y contexto*, p. 203. Editorial Paidós comunicación, Barcelona.

9. Lyons, J. (1998). *Op.cit.* p. 203.

10. Lyons, J. (1998). *Lenguaje, significado y contexto*, p. 205. Editorial Paidós comunicación, Barcelona.

10. Lyons, J. (1998). *Op.cit.* p. 205.

11. Protágoras: sofista griego (485-410 a. de C.), estimaba que todos los conocimientos proceden de la sensación: «El hombre es la medida de todas las cosas.»

12. Elocutivo: término relacionado con el modo de hablar o elegir y distribuir palabras. Las interrogaciones retóricas y exclamaciones son recursos elocutivos que aportan viveza y amenidad al discurso.

13. Porzig, A. (1974). *El mundo maravilloso del lenguaje. Lingüística moderna*, p. 90. 2a. edición. Editorial Gredos, Biblioteca romática hispánica, Madrid.

14. W. von Humbolt: «La lengua es una visión del mundo (*weltansicht*) no estática, sino dinámica, por ser también la lengua no un *érgon* u obra, sino una *energeia* o fuerza espiritual creadora, que culmina para la investigación en el de la *innerre sprachform* o forma interior de la lengua».

15. Mediante el estudio de «isoglosas» o líneas de igual modo de hablar que delimitan áreas de igualdad fonética, se han determinado mapas fonéticos de idiomas.

16. «Estas variaciones se han clasificado en prótesis: incorporación de elementos no etimológicos al interior de las palabras; empétesis, introducción de

sonidos de refuerzo al interior de las palabras; paragoge: adición de elementos fonéticos al final de las palabras; alféresis: pérdida de sonidos al principio del vocablo; síncopa: pérdida de fonemas y sílabas al interior de la palabra». Reino, P. (1990). *El español en el Ecuador, dialectología.* CCE Núcleo de Ambato, Ecuador.

17. Espinosa, M. (2000). *Los mestizos ecuatorianos y sus señas de identidad cultural*, p. 69. Editorial Tramasocial, Quito, Ecuador.

18. Oyente ideal que posee un grupo limitado de reglas para producir un número infinito de oraciones en su lengua de uso.

19. Dentro de una comunidad lingüística, se pueden detectar muchas «situaciones de habla» asociadas al uso del lenguaje, o que están marcadas por su ausencia, por ejemplo: fiestas, comidas, clases, ceremonias. Un «evento de habla», según Hymes, constituye una actividad que está regida por reglas o normas para el uso lingüístico: una conversación privada, una discusión o una prédica. Cuando los eventos de habla son analizados en segmentos de discursos más pequeños, constituyen un «acto de habla», es el caso de una pregunta, una orden o una reprimenda durante una discusión.

20. Pilleux, M. (2001). «Competencia comunicativa y análisis del discurso: proyecto de investigación Fondecyt», en *Estudios filológicos.* 36: 143-152. Ecuador.

21. Lo pragmalingüístico: lengua en la praxis, en uso.

23. Dell Hathaway Hymes. En Pensilvania, fue un fundador de la revista *Language in Society —Lengua en sociedad—* y luego formó parte de los departamentos de antropología e inglés, en la Universidad de Virginia, donde se convirtió en catedrático «commonwealth professor», de antropología e inglés, puesto en el cual se ha jubilado recientemente. Hoy día es profesor emérito en la facultad.

24. Las «competencias básicas» —personales e individuales— son: comunicativas, matemáticas, explicativas y procedimentales. Se diferencian de las «competencias genéricas» en que éstas corresponden al desempeño profesional y demandan pensamiento complejo, creatividad, liderazgo y trabajo en equipo; en cambio, con las «competencias específicas» se limita su campo.

25. Meles, G. (1997). «Enfocando la competencia lingüística», en revista *Hispania*. 80: 4: 864-858, dic. Madrid, España.

26. Control que tiene el sujeto de sus destrezas o procesos cognitivos, de pensamiento y de habilidad para dar y darse cuenta de estos mecanismos a la hora de leer.

27. «La lectura es sobre todo actividad de estructuración, es decir, de posibilidad de relacionar los signos unos con otros. Para ello, hay que reconocer el conjunto de signos tanto como las reglas de su unión —vocabulario y sintaxis— y hay también que llegar a la comprensión de aquel plan más general, no explícito en el texto, que permitió encadenar las acciones en una narración y relacionar los diversos argumentos en un discurso. La lectura textual, como la lectura del mundo, es trabajo de interpretación y, en el fondo, de recreación. A ella ha de abrirnos desde la más temprana edad, el hecho educativo». Cordero de Espinosa, S. (1988). «El Arte de Leer», en el diario *El Comercio*. Año 82: 2970, abril, A-4. Ecuador.

28. El análisis cualitativo que se manejará corresponde a rangos: sobresaliente (20-19); muy buena (18-17); buena (16-15); regular (14-13); insuficiente (12-11 e inferiores).

29. Documento informativo que se reparte a estudiantes interesados en ingresar a la Facultad. Septiembre de 2006.

30. 1ra. Jornada de presentación, reflexión y evaluación de la reforma del plan de estudios de la Facultad de Jurisprudencia, de la PUCE. Octubre-noviembre de 2007.

31. Este módulo se desarrolló en un cronograma limitado: 40 horas de trabajo, con dos grupos de diferente nivel, 7ma. y 8va. Promociones. Junio-julio de 2007.

32. Revisar tabla de contenidos en hojas posteriores.

El reto de las universidades: formar en competencias al profesional en el siglo XXI

Magdalena Buenfil, Mayte Barba, Ma. de la Luz Casas,
Nazira Guerrero, Xóchitl Jiménez[9]

Entre las principales tendencias de cambio que se han observado en la mayoría de países durante los últimos años, destacan las referidas a requerimientos para acceder a puestos gerenciales en mandos medios. En este artículo, los términos «gerente» y «mando medio» serán equivalentes.

Habilidades como trabajar en equipo, iniciativa, comunicación, capacidad para aprender y adaptabilidad al cambio, entre otros, son crecientes demandas en las organizaciones. Esta investigación es un primer acercamiento al panorama de un selecto grupo de empresas ubicadas en el estado de Morelos, México, sobre competencias en sus grupos gerenciales, comparadas con aquellas que universidades en la misma localidad inculcan en sus egresados.

Hoy más que nunca, dada la crisis económica internacional y el alza en niveles de desempleo aún en economías muy desarrolladas, es fundamental cuestionarse si las competencias con que cuenta el recurso humano son las idóneas, a fin de hacer frente a los retos que demanda el

---

[9]   Magdalena Buenfil, Mayte Barba Abad, Ma. de la Luz Casas, Nazira Guerrero, Xóchitl Jiménez; Instituto Tecnológico y de Estudios Superiores de Monterrey, *campus* Cuernavaca, México,

mercado laboral. Por ese motivo es indispensable que, en un ejercicio de revisión, en las empresas se defina el patrón de desempeño exigido en sus mandos medios; de igual manera, en las universidades se ha de responder con la formación de esos perfiles.

De acuerdo con la Organización para la Cooperación y el Desarrollo Económico (OCDE), el nivel de habilidades (o competencias) en el recurso humano determina la habilidad de la región para promover y usar innovación; y su capacidad de competencia está determinada en parte por el número de estudiantes en educación profesional. En 20 de 23 países evaluados en la OCDE, se advierte una correlación positiva entre recurso humano capacitado y presencia de estudiantes universitarios, lo que demuestra que algunas regiones se hallan mejor capacitadas que otras en su capital humano (OCDE, 2009).

> En los últimos años los países europeos han experimentado la necesidad de introducir cambios en sus sistemas educativos, ya que el mercado laboral no sólo exige de los graduados conocimientos y destrezas a nivel profesional, sino también la capacidad de adaptarse a nuevos ámbitos de desarrollo profesional no necesariamente relacionados con su campo específico de estudio. De esta forma surge la figura de un nuevo tipo de trabajador: el «profesional flexible». (ANECA, 2008, p. 1)

México es un país de contrastes, en donde advertimos gran disparidad en sus diversas regiones en cuanto a desarrollo económico, nivel de productividad, pobreza, educación y competitividad. Estas diferencias se ven acentuadas entre un norte desarrollado, una capital con altos niveles de productividad y un sur con grandes rezagos en educación, altos índices de marginalidad y pobreza.

Como profesoras universitarias, las autoras tienen especial interés en esta investigación, con el fin de diseñar estrategias de enseñanza-aprendizaje orientadas a incentivar en alumnos las competencias exigidas en el mercado laboral. La intención es alentar en ellos un desempeño profesional más rápido y eficaz, acceso a puestos gerenciales, mejorar su calidad de vida y, vía su talento, el incremento en la productividad de las empresas y, por consecuencia, al desarrollo de la región y el país.

En regiones desarrolladas en el mundo es común encontrar altos niveles de competitividad, es el caso de Ciudad de México, donde coexisten niveles potenciales de crecimiento, limitados por insuficiencias en el desarrollo del capital humano. Por ello, en mecanismos de revisión de política de desarrollo, se recomienda disminuir la brecha de competencias laborales, mediante el acceso del recurso humano a la capacitación, a fin de impactar positivamente en aspectos de productividad y empleo (OCDE, 2004).

En este artículo se presentan resultados obtenidos en el estudio de grupos focales y aplicación de entrevistas y cuestionarios, tanto a gerentes de recursos humanos, empleadores, gerentes medios, directivos de universidades, alumnos y profesores.

El objetivo fue comparar el perfil buscado por empresas internacionales para puestos de gerencia media con el perfil de egreso en universidades.

Los objetivos específicos formulados eran:

- Ampliar estudios básicos en el tema de competencias, especialmente la información existente sobre competencias gerenciales;
- Identificar el perfil requerido por empresas en términos de competencias gerenciales, según grupos focales;
- Identificar métodos de reclutamiento y selección de personal en competencias, utilizadas por las principales empresas morelenses, mediante entrevistas;
- Diseñar y aplicar un cuestionario para evaluar competencias gerenciales requeridas en puestos de mando medio;
- Conocer el perfil requerido por empresas en términos de competencias gerenciales, luego contrastarlo con el perfil de

entrega por parte de instituciones de educación superior en el estado de Morelos;

- Describir y evaluar competencias con que egresan jóvenes universitarios morelenses en comparación con las que se exige en el mercado laboral;
- Proponer cambios al plan de estudios o en programas de formación universitaria, así como actividades específicas que permitan acortar la brecha entre lo que en las universidades hacemos y lo requerido en el mercado laboral.

Para el universo de este trabajo se consideraron empresas y universidades del estado de Morelos, en México. Asimismo, se utilizó el enfoque cualitativo (entrevistas y grupos focales) y el cuantitativo (cuestionarios).

De acuerdo con Grinnell (1997) —citado en Hernández (2007:4)—, en ambos enfoques se emplean procesos cuidadosos, sistemáticos y empíricos en el esfuerzo por generar conocimiento, y se utilizan, en general, cinco fases similares y relacionadas entre sí, para proporcionar elementos que permitan formular conclusiones esclarecedoras. Grinnell establece que mediante ambas metodologías se:

- Llevan a cabo la observación y evaluación de fenómenos;
- Establecen suposiciones o ideas como consecuencia de observaciones y evaluaciones realizadas;
- Demuestran el grado en que las suposiciones o ideas tienen fundamento;
- Revisan tales suposiciones o ideas sobre la base de pruebas o análisis;
- Proponen nuevas observaciones y evaluaciones para esclarecer, modificar y fundamentar suposiciones e ideas, incluso para generar otras (Grinnell, 1997, citado en Hernández, 2007:4).

En dicha metodología se previó, en un primer paso, integrar un grupo focal con empleados de recursos humanos de nueve empresas en el estado de Morelos, para determinar competencias demandadas en el mercado de trabajo.

Igualmente, se diseñó y aplicó un cuestionario a 86 empleados de mandos medios, en que se autoevaluaban en el dominio de 17 competencias genéricas. Dicho cuestionario mostró ser una herramienta útil para evaluar competencias gerenciales, las cuales se mencionan a continuación sin jerarquizar: trabajo en equipo, productividad, integridad, compromiso, capacidad para aprender, calidad en el trabajo, adaptabilidad al cambio, comunicación, liderazgo, visión emprendedora, proactividad, negociación, flexibilidad, innovación/creatividad, trabajo bajo presión, empuje y generación de conocimiento.

En el ámbito empresarial, se entrevistaron gerentes de recursos humanos de seis empresas líderes en el estado de Morelos, con el fin de conocer métodos utilizados en reclutamiento y selección, así como modelos de competencias establecidos en cada una de esas unidades empresariales.

La muestra se eligió con base en una selección por conveniencia, según estos criterios de excelencia:

a. Ser empresas de talla internacional, asentadas en el estado de Morelos;

b. Han de emplear un monto igual o superior a 100 personas;

c. Proporcionar un producto o servicio que atienda a mercados nacionales e internacionales;

d. Poseer un departamento específicamente encargado para selección y reclutamiento de su personal.

Las empresas seleccionadas fueron: Coca Cola, UNILEVER, Gemalto, Hilos de Yecapixtla, Givaudan y Pepsi.

Para la metodología cuantitativa, se diseñó una herramienta especial dirigida a estudiantes —cuestionario autoadministrado—, con base en competencias a que hizo referencia el grupo de reclutadores. El número de alumnos en estudios superiores en el estado de Morelos se puede calcular a partir de la estadística del INEGI (2005): el 8% de la población, de entre 19 y 24 años, tiene estudios superiores. La población estimada en alumnos universitarios es de 10 400. Para nuestro cometido, se encuestó al 5.2% de estudiantes actualmente matriculados en enseñanza profesional.

Por inconsistencias en el llenado de información por encuestados, fueron inválidos 52 cuestionarios; así que finalmente se procesó un total de 548 encuestas a alumnos, con el propósito de conocer, mediante autoevaluación, el grado de dominio adquirido en cada una de las competencias de interés.

Además se diseñaron guías de entrevistas para directivos y profesores, con el fin de conocer si tenían establecido un modelo por competencias y las acciones que llevan a cabo para asegurar el fomento de las mismas en sus egresados.

Asimismo, se integraron grupos de enfoque con estudiantes en universidades involucradas en la muestra. Se formularon preguntas con el objeto de conocer su opinión respecto al grado en que consideran que su formación universitaria contribuye al desarrollo por competencias investigadas.

Los criterios para formar la muestra de universidades a incluir fueron, entre otros:

a. Representatividad tanto de escuelas públicas y privadas;
b. Población estudiantil superior a 500 alumnos;
c. Prestigio en la comunidad;
d. Generaciones de egresados;
e. Grado de empleabilidad en el mercado de trabajo.

Las universidades seleccionadas fueron: UNINTER, La Salle, UPEMOR, Tecnológico de Zacatepec, Universidad Autónoma del Estado de Morelos y el *campus* Cuernavaca del Tecnológico de Monterrey.

Con respecto a los resultados, se describen a continuación por categoría e instrumento.

De las entrevistas a gerentes en recursos humanos:

- El 100% de las empresas participantes utilizan la entrevista tradicional con ejemplos de comportamiento, perfil del candidato *versus* descripción de puestos, análisis de *currículum* así como pruebas psicométricas, técnicas y proyectivas;
- El 50% de ellas aplican cuestionarios con base en competencias;
- El 33% utiliza la entrevista basada en competencias. Una de estas empresas se declara en proceso de capacitación para incluir esta herramienta como apoyo en esta decisión;
- Finalmente, sólo el 17% (una empresa), adopta el *assessment* como herramienta de selección de personal.

Tabla 1. Frecuencias de uso de instrumentos para selección de personal

Empresa	Entrevista tradicional con ejemplos de comportamiento	Entrevista basada en competencias	Pruebas psicométricas, técnicas y proyectivas	Assesment	Perfil del candidato vs descripción de puestos	Cuestionario basado en competencias	Análisis de currículum
Empresa 1	x		x		x		x
Empresa 2	x		x		x		x
Empresa 3	x		x		x	x	x
Empresa 4	x	*1	x		x	x	x
Empresa 5	x		x		x	x	x
Empresa 6	x	x	x	x	x		x
Total	6	2	6	1	6	3	6
%	100%	33%	100%	17%	100%	50%	100%
*1 empresa en proceso de capacitacion.							

Fuente: Elaboración propia

- En cuanto a frecuencia con que en las seis empresas se mencionan competencias requeridas en candidatos a puestos gerenciales de mandos medios:
  - En el 100% de empresas se mencionan trabajo en equipo y productividad;
  - En el 83% se indican compromiso, capacidad de aprender, comunicación e innovación;
  - En tanto que el 67% de estas, incluyen integridad, calidad en el trabajo, adaptabilidad al cambio, pro actividad y generación de conocimiento.

De la aplicación de cuestionarios a gerentes (mandos medios)

En cuanto a frecuencia con que empleados en mandos medios jerarquizan, en promedio, estas 17 competencias como las más importantes para el desempeño en su puesto:

- El 78% de empleados en mandos medios, considera la competencia de compromiso como la más importante;
- El 75% indica el trabajo en equipo;
- El 73% menciona liderazgo;
- Mientras que la competencia que aparece con menor frecuencia es gestión de conocimiento, con un 28%.

Gráfica 1. Jerarquización entre empresarios y gerentes

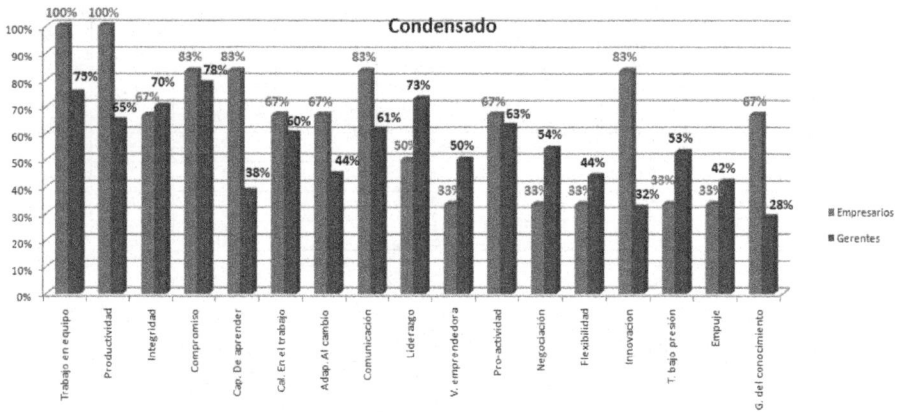

Fuente: Elaboración propia.

Primeramente, se incluyeron diez preguntas diseñadas para medir conocimientos, habilidades y actitudes por competencia, a fin de determinar el dominio en estos campos. Basados en una escala de Likert, los gerentes se autoevaluaron en cada uno de estos reactivos.

Los resultados fueron los que se citan a continuación:

- Para «trabajo en equipo», el reactivo con mayor dominio (86%) en gerentes, es la colaboración con otros para alcanzar metas comunes;
- El reactivo con menor dominio (68%) en gerentes, es el conocimiento de etapas en desarrollo de interacción entre equipos:

Gráfica 2.

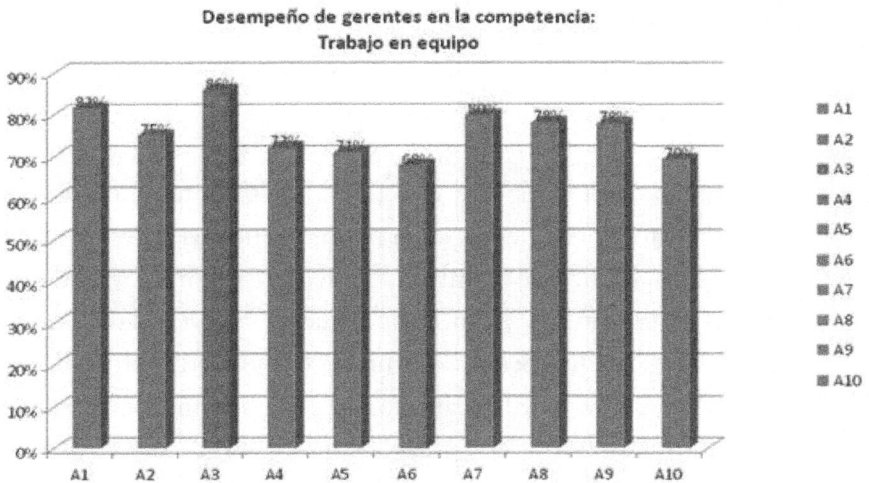

Fuente: Elaboración propia.

- En «productividad», el reactivo con mayor dominio (87%) en gerentes, es el compromiso con visión de empresa;
- El reactivo con menor dominio (72%) en gerentes, es la eficacia en el uso de recursos para obtener logros;
- En «integridad», el reactivo con mayor dominio (90%) en gerentes, es la capacidad de expresar la verdad;
- El reactivo con menor dominio (77%) en gerentes, es la capacidad para externar su punto de vista y contribuir de forma positiva;

- En «compromiso», el reactivo con mayor dominio (88%) en gerentes, es la capacidad para participar más allá de su responsabilidad en el logro de objetivos;
- El reactivo con menor dominio (78%) en gerentes, es la capacidad para establecer diferentes alternativas de solución;
- En «capacidad para aprender», el reactivo con mayor dominio (85%) en gerentes, es la capacidad para compartir conocimiento en beneficio de la organización;
- El reactivo con menor dominio (68%) en gerentes, es la capacidad para solicitar retroalimentación con respecto a fortalezas y debilidades personales;
- En «calidad en el trabajo», el reactivo con mayor dominio (81%) en gerentes, es el buen juicio en análisis de alternativas de solución;
- El reactivo con menor dominio (72%) en gerentes, es la capacidad para desarrollar estrategias en la mejora continua en su área;
- En «adaptabilidad al cambio», el reactivo con mayor dominio (85%) en gerentes, es la apertura a nuevas experiencias;
- El reactivo con menor dominio (71%) en gerentes, es la sensibilidad para percibir cambios en el medio, internos y externos;
- En «comunicación», el reactivo con mayor dominio (88%) en gerentes, es la responsabilidad de lo que se dice y cómo se dice. Capacidad para aceptar su responsabilidad de cuanto se expresa, en forma y en contenido;
- El reactivo con menor dominio (73%) en gerentes, es la capacidad para expresar correctamente sus expectativas;
- En «liderazgo», el reactivo con mayor dominio (85%) en gerentes, es la conciencia de su propia credibilidad e influencia entre los miembros del equipo;
- El reactivo con menor dominio (72%) en gerentes, es el conocimiento sobre cómo comprometer a los demás con visión de empresa;

- En «visión emprendedora», el reactivo con mayor dominio (85%) en gerentes, es tenacidad y persistencia para lograr objetivos;
- El reactivo con menor dominio (71%) en gerentes, es la experiencia en negocios;
- En «proactividad», el reactivo con mayor dominio (83%) en gerentes, es la capacidad para enfrentar una dificultad y encararla como reto;
- El reactivo con menor dominio (70%) en gerentes, es la capacidad para anticipar necesidades y proponer soluciones;
- En «negociación», el reactivo con mayor dominio (82%) en gerentes, es la capacidad para crear un ambiente de respeto y confianza antes de negociar;
- El reactivo con menor dominio (69%) en gerentes, es la capacidad para investigar a «mi» contraparte, conocerlo y negociar mejor;
- En «flexibilidad», el reactivo con mayor dominio (85%) en gerentes, es la conciencia de que existen diferentes formas de ejecutar tareas;
- El reactivo con menor dominio (74%) en gerentes, es la capacidad para actuar de acuerdo a la situación;
- En «innovación», el reactivo con mayor dominio (81%) en gerentes, es la capacidad para organizar el tiempo y destinarlo a crear nuevas ideas o proyectos;
- El reactivo con menor dominio (67%) en gerentes, es la capacidad para darse tiempo en busca de nuevas ideas o proyectos;
- En «trabajo bajo presión», el reactivo con mayor dominio (83%) en gerentes, es la capacidad para generar resultados óptimos en situaciones de alta exigencia;
- El reactivo con menor dominio (73%) en gerentes, es capacidad para mantener la calma en situaciones de oposición y crear soluciones bajo presión por tiempo;
- En «empuje», el reactivo con mayor dominio (86%) en gerentes, es capacidad para trabajar ardua y continuamente;

- El reactivo con menor dominio (75%) en gerentes, es capacidad de máximo rendimiento con actores y situaciones cambiantes;
- En «gestión del conocimiento», el reactivo con mayor dominio (84%) en gerentes, es capacidad para aprender de experiencias pasadas, compartir información e ideas a fin de mejorar procesos en la toma de decisiones;
- El reactivo con menor dominio (67%) en gerentes, es capacidad para cambiar sus propias funciones y convertirse en agente de innovación de conocimiento.

De las entrevistas en universidades a directivos y profesores

La opinión de directivos fue recabada a través de entrevistas a fondo, en las cuales se permitió que cada participante comentase abiertamente sobre las competencias señaladas, además de invitarle a incluir otras en caso de ser necesario. Así mismo, se les solicitó indicar qué es lo que hace su universidad para desarrollar estas habilidades. Se obtuvo la siguiente información:

- Sólo una de las universidades (17%) fue creada con el modelo de educación por competencias;
- En cinco de seis universidades (83%), se impulsan esfuerzos orientados a desarrollar un modelo de este tipo;
- Ante la pregunta « ¿Cuál competencia deben desarrollar más las universidades?»:
  o La más frecuente es innovación/creatividad, seguida de trabajo en equipo, capacidad para aprender y comunicación;
  o El 100% en las universidades, reconocen que hay mucho por hacer en el desarrollo de competencias; se menciona una amplia gama de ellas;
  o En el 100% de directivos y profesores, se reconoce que hace falta educar en competencias éticas y de responsabilidad social y ciudadana.

De los estudiantes en cuanto a jerarquía de competencias

En el cuestionario, el reactivo: «Del siguiente listado de competencias, jerarquice en orden de importancia aquellas que son indispensables para un puesto de trabajo», los estudiantes en las universidades participantes respondieron de la siguiente manera:

Tabla 2. Jerarquización de competencias por universidad

Orden de importancia	Universidad 1		Universidad 2		Universidad 3		Universidad 4		Universidad 5		Universidad 6	
1°	Capacidad para aprender	75%	Liderazgo	71%	Compromiso	77%	Capacidad para aprender	82%	Liderazgo	73%	Capacidad para aprender	80%
2°	Calidad en el trabajo	73%	Trabajo en equipo, capac. para aprender y proactividad	69%	Calidad en el trabajo	71%	Productividad	76%	Productividad	70%	Adaptabilidad al cambio	69%
3°	Liderazgo	72%	Adaptabilidad al cambio	67%	Productividad y liderazgo	68%	Adaptabilidad al cambio	75%	Calidad en el trabajo	68%	Liderazgo	68%
4°	Trabajo en equipo	69%	Comunicación	66%	Visión emprendedora y proactividad	65%	Trabajo en equipo	69%	Compromiso	67%	Trabajo en equipo y comunicación	64%
5°	Productividad	65%	Productividad	65%	Trabajo en equipo	60%	Liderazgo	64%	Proactividad	64%	Integridad y proactividad	59%

Fuente: Elaboración propia.

Además de dicha jerarquización, los alumnos respondieron un cuestionario con 34 reactivos, a fin de autoevaluarse en las 17 competencias de interés. En la herramienta se adoptó la escala de Likert, con seis niveles, de 0 («no aplica») a cinco («es una de mis fortalezas»). El grupo de investigación determinó el mínimo índice de aceptación para desarrollo en una competencia con 70%. De modo que entre 60 y 69 por cien, indica «alerta»; es decir, que se debe poner atención en mejorar las competencias. Índices menores a 60%, implican una insuficiencia en estas habilidades.

A continuación, se presentan algunos resultados, descritos según su gráfica para hacer más explícita la misma.

Universidad 1: sus estudiantes se autoevaluaron en un rango menor al 60% en la totalidad de competencias, lo que significa un déficit. Las que registran menores rendimientos son: «empuje», 25%; «trabajo en equipo y compromiso», con un 33%, e «innovación», en 34%. La más desarrollada, con un 56%, aún por debajo del nivel esperado fue «integridad».

Gráfica 3. Nivel de aceptación

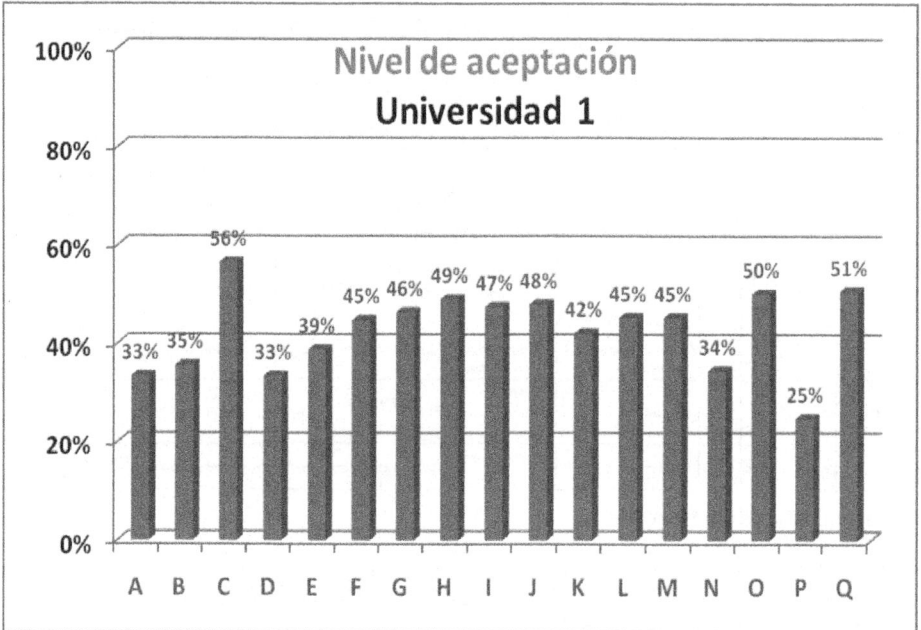

Fuente: Elaboración propia.

Universidad 2: sus estudiantes se autoevaluaron ligeramente por encima del 60% en competencias de «integridad» y «capacidad para aprender» (ambas con 63%), eso los sitúa en un nivel de desempeño medio. Competencias con debilidades son: «trabajo en equipo y negociación», con 41%; «empuje», 42%, y «eficacia intelectual», con 47 %.

Ninguna competencia fue evaluada como fortaleza (igual o superior al 70%).

Gráfica 4. Nivel de aceptación

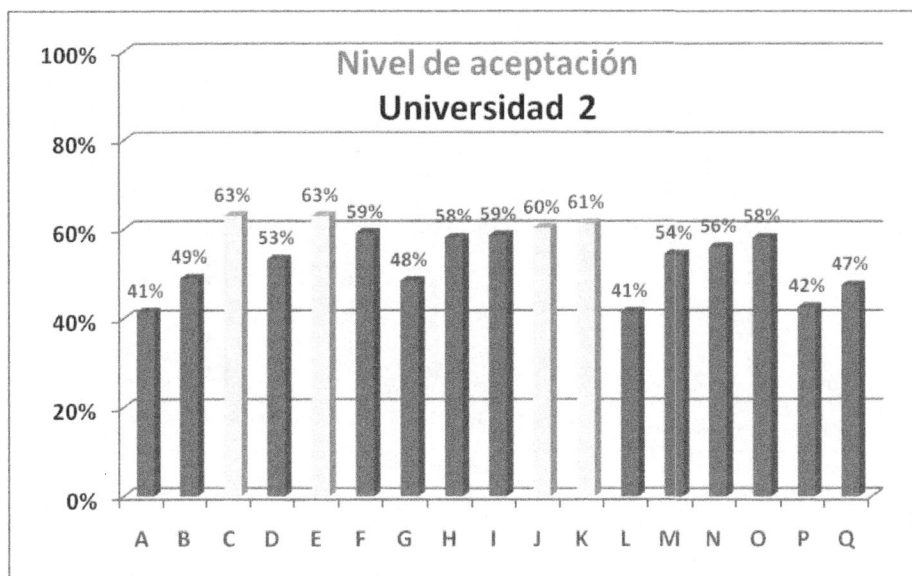

Fuente: Elaboración propia.

Universidad 3: sus estudiantes evaluaron como fortalezas: «integridad», con 77%, y «capacidad para aprender», con 73%. Es un nivel medio aparece «trabajo bajo presión», con 68%. Otras competencias: «trabajo en equipo», con 43%; «productividad», 56%, y «compromiso», con 57%.

Gráfica 5. Nivel de aceptación

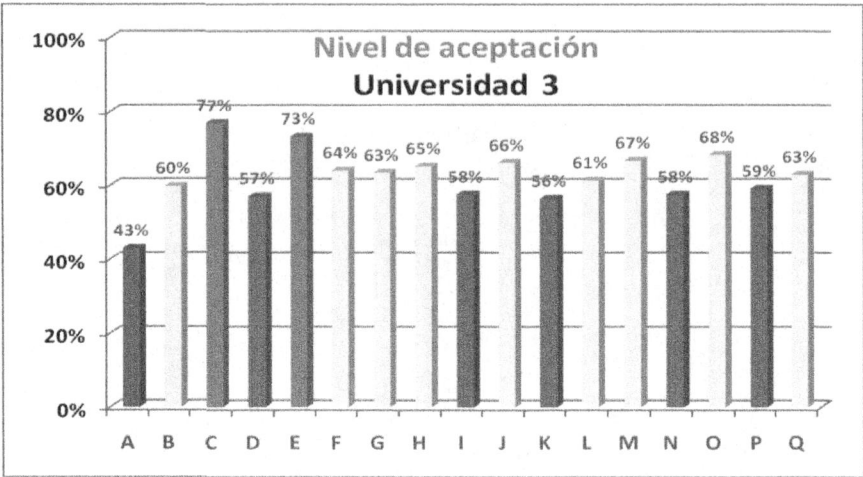

Fuente: Elaboración propia.

Universidad 4: competencias registradas en nivel medio fueron: «integridad», 63%; «capacidad para aprender», 62%, y «trabajo bajo presión», con un 61%. En rango de debilidad, se observan: «trabajo en equipo», 40%; «empuje», con 42%, y «negociación», apenas un 47%.

Gráfica 6. Nivel de aceptación

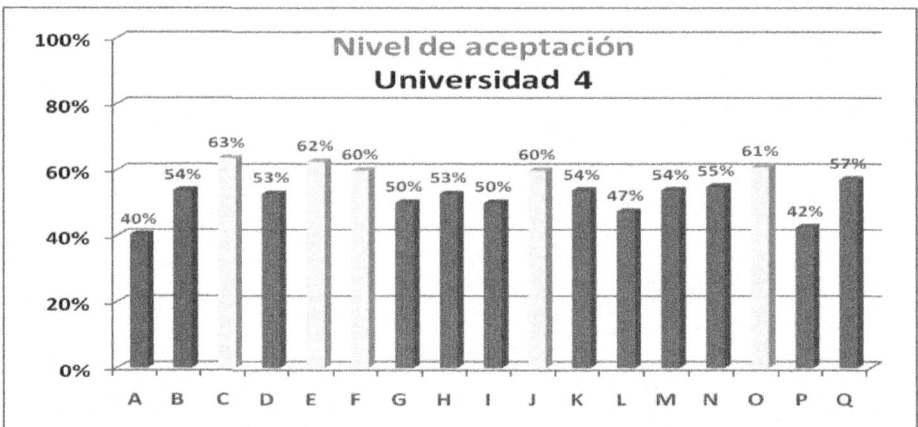

Fuente: Elaboración propia.

Universidad 5: competencias en sus alumnos que implican fortalezas son: «integridad», 83%; «trabajo bajo presión», 80%, y «capacidad para aprender», con 77%. En alerta, aparece «innovación», con 61%. Como debilidad están: «trabajo en equipo», 55%, y «empuje», con 56%.

Gráfica 7. Nivel de aceptación

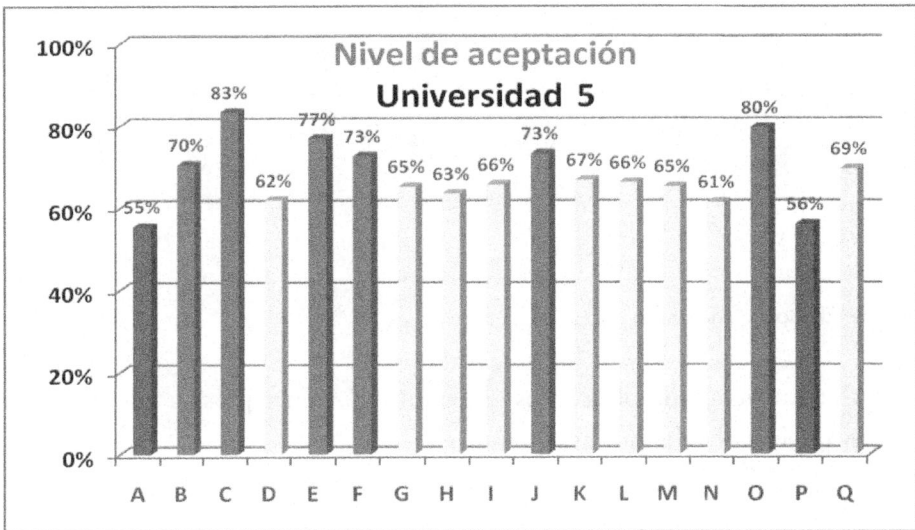

Fuente: Elaboración propia.

Universidad 6: en estos alumnos advertimos el 75% en el rubro «integridad» como fortaleza. Con nivel medio, encontramos «compromiso», con 69%, y «flexibilidad», 67%. En áreas de debilidad están «trabajo en equipo» (43%), «innovación» (44%) y «empuje» (46%).

Gráfica 8. Nivel de aceptación

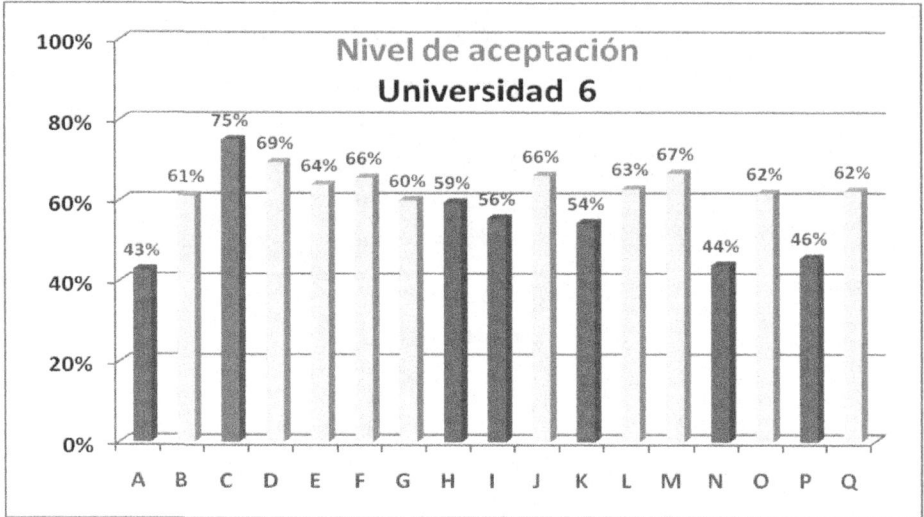

Fuente: Elaboración propia

A continuación ofrecemos la tabla 3, en que se desglosa la autoevaluación hecha por estudiantes.

Tabla 3. Fortalezas y debilidades medidas por autoevaluación en estudiantes

Universidad	Fortaleza	Debilidad
1	Ausente	Empuje, 25%, y trabajo en equipo, 33%
2	Ausente	Trabajo en equipo, 41%
3	Integridad, 77%	Trabajo en equipo, 43%
4	Ausente	Trabajo en equipo, 40%
5	Integridad, 83%	Trabajo en equipo, 55%
6	Integridad, 75%	Trabajo en equipo, 43%

Fuente: Elaboración propia.

FORMACIÓN POR COMPETENCIAS

Es importante resaltar que hay una coincidencia visible entre las opiniones vertidas por estudiantes en diversas universidades, con respecto a la fortaleza más generalizada, «integridad», y la insuficiencia más acentuada, «trabajo en equipo».

De los grupos de enfoque con estudiantes en universidades

Para integrar grupos de enfoque, se invitó a estudiantes de las universidades participantes a tomar parte en una discusión abierta sobre competencias indispensables en profesionales en el siglo XXI, y la forma, en su opinión, que su casa de estudios contribuye a su fomento. Inherente a esta técnica, se permitió a los jóvenes expresarse libremente cuanto consideraban que su universidad aportaba en su formación.

Durante estas reuniones obtuvimos los siguientes datos:

- Todos los participantes reconocen el trabajo en equipo como competencia con mayor área de oportunidad;
- Para el 83% de universitarios estudiados —en su confusión— la educación por competencias significa actividades en que se compite (concursos, premiaciones, etcétera);
- Sólo en una de las universidades los alumnos tienen claro este modelo;
- Los educandos demandan autonomía respecto de las autoridades universitarias, así como el fomento en su formación de iniciativa, vinculación con empresas y actividades emprendedoras. También consideran indispensable la motivación para el aprecio por la cultura y en actividades cívicas;
- Los alumnos participantes en el grupo focal, valoran en sus universidades los programas de vinculación que les permiten participar en proyectos locales y regionales con empresas lucrativas y sociales, y las facilidades para contactar instituciones educativas extranjeras. Asimismo, reconocen que en sus casas de estudios se trabaja con esquemas de mejora continua e impulso a programas de respeto al medio ambiente;

- En cuanto a la competencia que en la universidad se debe fomentar más en alumnos, estos mencionan:
  o Innovación/creatividad, con carácter de prioritario;
  o En segundo lugar, capacidad para aprender, liderazgo y comunicación;
  o El tercer puesto lo ocupa la necesidad de trabajo en equipo.

Para finalizar, podemos concluir que el conocimiento del modelo por competencias entre gerentes de recursos humanos y gerentes generales entrevistados es mayoritario. En contraste, sólo una de las universidades fue creada con base en este perfil formativo.

El modelo por competencias surge primero en empresas, tiempo después instituciones educativas lo integran en sus planes de estudios, por lo que es indispensable que las universidades vinculen necesidades en el medio laboral con el perfil en sus egresados.

En la empresa se está fuertemente interesado en fortalecer vínculos y colaborar con universidades, a fin de contar, en el corto plazo, con personal competente y eficaz que permita hacer óptimas sus inversiones en capacitación y desarrollo. Asimismo, se aprecia que en las universidades están sensibilizados sobre la necesidad de establecer convenios de vinculación con este mismo propósito.

Existen, sí, grandes áreas de oportunidad en las empresas, que necesitarán diseños de programas de capacitación enfocados al desarrollo en competencias que cada organización demanda para su actividad de negocios.

Estas áreas de oportunidad son reconocidas por los propios gerentes en su autoevaluación en competencias.

Los jóvenes universitarios reconocen, como producto de su autoevaluación, amplias brechas entre el desarrollo obtenido hasta ahora y el dominio demandado en esas competencias.

Estudiantes, directivos y profesores coinciden en que, en las universidades, se deben orientar los esfuerzos hacia la innovación, capacidad para aprender y trabajo en equipo.

Académicos y alumnos afirman que el resultado previsible, en caso de que las casas de estudios no actúen en el fomento de competencias de nuestro estudio, serán el estancamiento de personas y el país, así como la falta de productividad y liderazgo, con el consecuente riesgo de ser desplazados de posiciones estratégicas.

De acuerdo con organizaciones internacionales, las tasas de crecimiento económico en países en desarrollo son prácticamente nulas, y el Banco Mundial estima que sólo este año otros 46 millones de personas caerán en la pobreza extrema. Es posible que en países menos desarrollados, como el nuestro, la crisis económica aumente la deserción escolar, con el lógico incrementó demográfico en filas de la economía informal, en lugar de aspirar a mejores niveles de empleo, autoempleo o generación de nuevas oportunidades de trabajo. De ahí la importancia de que universidades impulsen en sus estudiantes competencias necesarias para propiciar el progreso en nuestro país.

Estudiantes, directivos y profesores coinciden en que el trabajo en equipo es la competencia menos desarrollada y, en contraste, la misma aparece entre las más solicitadas en el mercado laboral.

Por otro lado, el total de profesores y directivos, reconoce que es imperativo formar a estudiantes en competencias éticas y ciudadanas. En oposición, en las 3 universidades en que se hallaron fortalezas, la que aparece con mayor grado de dominio en opinión de sus educandos, es integridad.

Una estrategia que debemos establecer en las universidades para disminuir la brecha existente entre necesidades apremiantes en la sociedad y creatividad e innovación en nuestros estudiantes, para la solución de problemas concretos, es vincular instituciones de educación superior con organizaciones productivas o de investigación, de manera que los educandos efectúen prácticas permanentes que los pongan en contacto con el entorno profesional; no únicamente con el servicio social, sino que también por medio de programas bien establecidos de formación de competencias, en que colaboren organizaciones y universidades por igual. Dicha vinculación permitiría fortalecer aspectos de aprendizaje, toma de decisiones, trabajo en equipo y compromiso, entre otras competencias fundamentales.

Este trabajo se enfoca a los requerimientos en empresas con respecto a lo que las universidades llevan a cabo en materia de competencias; sin embargo, es preciso ampliar el análisis de competencias demandadas en centros de investigación, organismos de gobierno, independientes y del sector social, así como las indispensables para generar o desarrollar Mipymes.

El reto y continuidad en esta investigación es diseñar modelos de enseñanza aprendizaje que faciliten impulsar las destrezas requeridas en el mercado laboral, con el objeto de fortalecer la competencia en empresas e instituciones, a fin de formar profesionales con fácil inserción laboral, y acceso a mejores niveles de vida.

Es recomendable que en las universidades se amplíen estudios más precisos sobre el panorama nacional en cuanto a formación profesional por competencias. Además, es importante ligar estos mapeos a resultados de investigaciones, lo que nos permitirá identificar vocaciones en regiones o estados dentro del país, para que las universidades orienten sus programas educativos según necesidades territoriales.

Por tanto, las instituciones de educación superior somos quienes debemos contribuir en primera instancia al trabajo en equipo, a fin de proporcionar la información a nuestro alcance y generar propuestas comunes, en pro del crecimiento de nuestros educandos.

Bibliografía

ALFA EUROPE AID (2007). «Reflexiones y perspectivas de la educación superior en América Latina», recuperado el 1 de septiembre de 2008, en http://tuningunideusto.org/tuningal. Universidad de Deusto, Universidad de Groningen, España.

Alles, M. (2005). *Gestión por competencias: el diccionario.* Granica, Buenos Aires, Argentina.

Alles, M. (2002). *Dirección estratégica de recursos humanos: gestión por competencias: el diccionario.* Granica, Buenos Aires, Argentina.

ANECA (2008, junio). «Agencia nacional de evaluación de la calidad y acreditación», en línea. Consultado el 30 de marzo de 2009, en www.aneca.es/estudios/estu_informes.asp. Madrid, España.

Argudín, Y. (2005). *Educación basada en competencias: nociones y antecedentes.* Trillas, México.

Buendía, A. (2007). *Hacia una nueva sociedad del conocimiento: retos y desafíos para la educación virtual,* Limusa, México.

Buendía, A. (2005) *Competencias del Ciudadano en la Ciudad del Conocimiento,* Universidad de Deusto, España: Alazne Mujika. pp: 215-234

Bunk, G.P. (1994). *La transmisión de las competencias en la formación y perfeccionamiento profesionales en la RFA.* CEDEFOP, Berlín.

EDUCACION Y CULTURA DG (2003). *Tuning Educational Structures in Europe. R*ecuperado 14/08/2007. www.relint.deusto.es/TUNINGProject/spanish/doc_fase1/Tuning_Educational_1.pdf. Universidad de Deusto, Bilbao.

Hernández, R.; Fernández, C. y Baptista, P. (2006). *Metodología de la investigación,* 4a. ed. McGraw Hill, México, DF.

INEGI (2005). *Estadísticas censos y conteos,* consultado en línea el 29 de abr. de 2009, en http://www.inegi.org.mx/est/contenidos/espanol/sistemas/conteo2005/localidad/iter/default.asp?s=est&c=10395. Inegi, México.

Masseilot, H. (2000, may.-agos.). *Competencias laborales y procesos de certificación ocupacional,* consultado en línea el 14 de agos. de 2007, en http://www.

cinterfor.org.uy/public/spanish/region/ampro/cinterfor/publ/boletin/149/ pdf/massei.pdf. OIT-Cinterfor, Montevideo.

OECD (2009, 23 de marzo). «Regions at a Glance Organisation for Economic Co-operation and Development», recuperado el 30 de mar. de 2009, en http://www.oecd.org/documentprint/0,3455, en_2649_34413_42396233_ 1_1_1_37429,00.html. OECD (Organisation for Economic Co-operation and Development), Paris, Francia.

OECD (2004, October). «Territorial Reviews: Mexico City», recuperado el 30 de marzo de 2009, en http://www.oecd.org/dataoecd/41/62/33819913. pdf. OECD (Organisation for Economic Co-operation and Development), Paris, Francia.

Oficina Internacional del trabajo (1997). *Boletín Técnico Interamericano de Formación Profesional. Educación Tecnológica.* Núm. 141. Oct.-dic., entrega especial. CINTERFOR, OIT, Suiza.

OIT (2005). «Recomendación 195 sobre el desarrollo de los recursos humanos: educación, formación y aprendizaje», recuperado el 27 de agosto de 2008, en http://www.ilo.org/public/spanish/region/ampro/cinterfor/temas/ dialogo/inf_act/rec195.pdf. Oficina Internacional del Trabajo, Ginebra, Suiza.

PNUD (2009). «La crisis económica», recuperado el 23 de abr. de 2009, en http://www.undp.org/spanish/economic_crisis/overview.shtml. ONU-Programa de las Naciones Unidas para el Desarrollo (PNUD), Suiza.

Tejada Fernández, José (1999). «Acerca de las competencias profesionales», en *Revista Herramientas*; sobre competencias profesionales (I), 56: 20-30, y sobre competencias profesionales (II), 56: 8-14. Madrid.

EN BUSCA DE NUEVAS PERSPECTIVAS ANTE LOS RETOS ACTUALES

Las competencias en TIC en el programa de negocios internacionales: un caso de estudio.

Julieta Mora, Socorro Guzmán[10]

La globalización y la dinámica actual de la educación requieren de estudiantes con habilidades en la utilización de herramientas web, no solamente desde los contenidos netamente sociales y teóricos. La web es una invitación a explorar la posibilidad de interactuar en espacios virtuales, mediante herramientas ya establecidas se pueden aplicar desde las aulas de clase.

Estas herramientas en ocasiones no son tan utilizadas debido al desconocimiento de las mismas o simplemente el miedo a lo nuevo, al cambio o las a las ideas que vengan con cosas diferentes, la educación se ha dedicado a estudiar profundamente estos escenarios en especial desde las competencias y su proyección con el perfil. Ante esta problemática, el programa de Negocios Internacionales del Politécnico Grancolombiano, ha iniciado un proceso de estudio sobre los temas en competencias, y cómo estas se vinculan desde lo institucional, a lo académico incluyendo la relación entre el docente y el estudiante. La intención de este estudio es entonces empezar a realizar acciones necesarias para el fomento de

---

[10]   Ángela Julieta Mora Ramírez, Negocios internacionales; María del Socorro Guzmán Serna, Facultad de Ciencias Administrativas, Económicas y Contables del Politécnico Grancolombiano, Bogotá, Colombia.

la utilización de las herramientas web, en el programa de Negocios Internacionales del Politécnico Grancolombiano.

La educación y el uso de las tecnologías de la información y las comunicaciones.

Desde hace aproximadamente una década, la incorporación de las Tecnologías de la Información y Comunicación (TIC) a las escuelas en Europa, y por extensión, al sistema escolar de nuestro país es una de las líneas de prioridad de las políticas educativas gubernamentales (Moreira, 2008).

El uso eficiente de las herramientas virtuales determinan la forma como el proceso de enseñanza- aprendizaje cumpla con los objetivos de cobertura y eficiencia en cuanto a gestión del conocimiento. Otros autores que hacen referencia a la utilización de las TIC en educación son (Rosario, 2005), "El método tutorial se concebía en un inicio como un sistema educativo individualizado en el que se atendían las dificultades del alumno dentro de una educación colectiva. De hecho la tutoría se formaliza para complementar las enseñanzas que, a través de clases magistrales o conferencias, se impartían en las instituciones de educación superior". Este tema es de gran trascendencia tanto desde lo presencial como desde lo virtual, en ocasiones se piensa igualmente que la utilización de herramientas virtuales solamente corresponde al accionar del tutor virtual y no es así se debe enfocar de manera masiva también en los escenarios presenciales.

Autores como Castels (1999) muestran la necesidad de formar profesionales con competencias y habilidades para la globalización y la masificación moderna de las tecnologías de la información y las comunicaciones. Por ejemplo el Instituto del Banco Mundial (Gil, 2004) ha impulsado un programa denominado Knowledge for Development, basado su realización práctica de que los países en desarrollo cuentan con la oportunidad de acceder a nuevas formas de producir y de comercializar sus productos y servicios ganando eficiencia, gracias a un acceso menos costoso y restringido a la información.

Este acceso realmente es usado por los docentes presenciales y en ocasiones algunos virtuales, enfocados a la educación y formación incluyendo métodos nuevos que incluyan dispositivos móviles y recursos web modernos que los jóvenes utilizan en función de aprendizaje para aplicarlo a su vida profesional. Según Santángelo (2000) el uso adecuado de redes sociales y grupos de discusión por parte de los estudiantes, hace que la interacción sea mayor y por lo tanto exista un condicionamiento de mejora pues el otro lo observa, todos lo observan, por lo tanto se va a esforzar mejor por los productos académicos colgados y visibles para el grupo.

Esto igualmente genera entre ellos trabajo en equipo en horas de investigación extra clase, enfocando el proceso en un modelo de extensión de la formación desde las plataformas y desde las herramientas web, otros autores que realizan una investigación puntual al respecto (Castañeda Quintero, 2009), establecen puntos de análisis y casos para la educación superior.

La evaluación por competencias se hace entonces necesaria en especial teniendo en cuenta que las habilidades adquiridas y desarrolladas durante el proceso de formación de los estudiantes, es garantía de la calidad de la institución y le da un diferencial al perfil esperado en el mercado.

Según Zapata (2005) existen factores que intervienen en el proceso de formación, uno de ellos es: la actitud, lo fundamental es generar expectativa, porque así el estudiante se interesa y se motiva en su proceso de aprendizaje. No obstante la actitud puede ser inversamente proporcional a la aptitud por un mecanismo de compensación de debilidades, como en el caso de quienes al reconocer sus debilidades en el área de matemáticas, en medio de la necesidad de aprender, se interesan más por aprender que aquellos que tienen más habilidades para dicha área.

El segundo factor se refiere a las Aptitudes intelectivas: son habilidades mentales que determinan el potencial de aprendizaje, también definidas como las capacidades para pensar y saber (Iafrancesco, 2004). Dependen de la estructura mental, las funciones cognitivas, los procesos de pensamiento y las inteligencias múltiples. Estas aptitudes son muy frecuentes y en ocasiones los educadores no las vemos, pensamos en la repetición o la habilidad definida, pero nos olvidamos de las millones de posibilidades de la creatividad, de la innovación y del mundo nuevo, con habilidades que en ocasiones descartamos.

El factor son las Capacidades para actuar y hacer: están relacionadas con los métodos, técnicas, procesos y estrategias empleadas en el desempeño. (Zapata, 2005), estas habilidades son muy necesarias para las empresas, para generar estrategias con modelos ya creados, reglamentados y orientadores. (Villa, 2002).

El último factor son los Contenidos: es toda la estructura conceptual susceptible de ser aprendida. Su organización es vital para el proceso de aprendizaje. En la medida en que exista más coherencia entre ellos, los estudiantes encontrarán las relaciones entre los mismos lo que a su vez aumentará su nivel de compresión. Esta habilidad (Zapata, 2005) orienta al estudiante a seleccionar la información procesarla y solucionar sobre el concepto y el contenido, de la misma manera Santángelo (2000) especifica la necesidad de enseñar a través de casos dados y evaluados por grupos de estudio y la gestión de redes que hagan más interactivo el proceso de enseñanza- aprendizaje.

El desarrollo de las competencias, al requerir de aprendizajes significativos, implica a los docentes abordar los procesos cognitivos e intelectivos de manera individual dentro del proceso de formación del estudiante, sin ello no se podrían lograr los niveles de comprensión que el estudiante necesita de los procesos que se dan dentro del aprendizaje (Zapata, 2005) y es claro igualmente verificar que tanto estamos haciendo como docentes en la gestión del conocimiento en el modelo de formación por competencias, y el alcance de estas competencias y habilidades en el perfil profesional definido por la institución de educación superior específicamente. Este tema es ampliamente estudiado por diferentes autores (Tobón, 2006) (Moreira, 2008) y (García, 2008).

Los estudiantes de Negocios Internacionales y las competencias en educación tanto para presencial como para virtual.

El estudio específico del perfil y las competencias para la Institución Universitaria Politécnico Grancolombiano en el programa de Negocios Internacionales y basado en los lineamientos de Proyecto Educativo Institucional en el cual nos basamos como referente teórico y que sobresaltamos lo siguiente "En el Politécnico Grancolombiano se articula la formación integral por competencias y la autonomía intelectual del estudiante, con la facilidad espacio temporal de la educación mediante el uso de TIC, la calidad académica de los programas de la Institución y el acompañamiento permanente de docentes y tutores, por medio del uso de las nuevas tecnologías de información y comunicación" (Politecnico Grancolombiano, 2011).

Esta autonomía no solamente resulta del ejercicio extra clase en millones de tareas no guiadas que llegan a las aulas de clase, solamente en función de repetir conceptos, lo contrario es un tema de proceso de calidad por medio de la maximización de las herramientas tecnológicas, tanto virtuales como presenciales. "El Politécnico Grancolombiano trabajará sus programas académicos basado en competencias, entendidas como: Capacidad de transferir y adaptar a diferentes contextos, una combinación de conocimientos, habilidades, actitudes y destrezas que la persona moviliza para resolver situaciones del desempeño profesional" (Politecnico Grancolombiano, 2011).

Así todo programa académico del Politécnico Grancolombiano debe contemplar la formación en las siguientes competencias:

1). Las competencias genéricas, entendidas como las capacidades intelectuales, indispensables para el aprendizaje de una profesión; en ellas se encuentran las competencias cognitivas, técnicas y metodológicas, entre las cuales se cuentan comunicativas en lengua española y en segunda lengua y las competencias matemáticas. Para el caso de la formación en el Politécnico

Grancolombiano se define como la capacidad que tiene una persona para hacer y aplicar lo más básico aprendido en la resolución de problemas específicos de la vida cotidiana, según un conjunto de conocimientos fundamentales aprendidos.

2) Las competencias específicas o profesionales, definidas como la base particular del ejercicio profesional, y vinculadas a condiciones específicas de ejecución. Se determinan en la capacidad de una persona para desempeñar funciones productivas en contextos variables, según estándares de calidad establecidos por el sector productivo.

3) Las competencias socio- humanísticas, capacidad de una persona para controlar y entender las emociones propias y las de los demás, discriminar entre ellas y usar la información emocional e intelectual que posee para guiar el pensamiento y las acciones propias, relacionarse con los otros de manera adecuada y creativa, a partir de normas de acción social y habilidades sociales.

4) Las competencias de pensamiento, capacidad que tiene una persona para desarrollar procesos de abstracción, jerarquización, inducción y deducción para poner en acción, actuación y creación, actividades sistémicas, resolviendo problemas laborales y de la vida cotidiana con el fin de avanzar en la autorrealización personal, vivir auténticamente la vida, contribuir al bienestar humano integrando el saber hacer con el saber conocer, el saber ser, el saber convivir.

Las competencias en áreas internacionales

El tema de las competencias en las áreas internacionales se hace cada vez más interesante de estudiar, de realizar pilotajes, de casos de estudio y proyectos alternativos que garanticen ese diferencial que se requiere de un profesional de Negocios Internacionales, más específicamente egresado del politécnico Grancolombiano.

Para autores como Marua (2008) las competencias en la educación superior tienen que llevar al estudiante a la aplicación de su conocimiento en la vida profesional, ver como el proceso formador puede adicionar en cada una de las asignaturas teórico-prácticas, formas, métodos y alternativas de gestión de la profesión, y esto se refleje en el perfil propuesto y esperado por las instituciones de educación superior.

Otros autores (Brunner, 2005) (Aupetit, 2005) ven igualmente como fundamental la formación por competencias con una visión de autonomía, con estudios de casos reales aprovechando el uso de las TIC y la globalización, incluyendo los factores exógenos y estructurales que nuestro país tiene, incluyendo su relación directa con la región y con el mundo (Aupetit, 2005) (Castels, 1999).

Para los expertos en el tema de las competencias (Maura, 2008) (Villa, 2002) y (Zapata, 2005) la formación por competencias en la educación superior, depende de estrategias que orienten la formación a la ocupación de la empresa en Colombia, y que la empresa tanto mediana como pequeña, también asegure un cambio desde la innovación, con el fin de ocupar la mayoría de profesionales. Estos autores hacen referencia también a las necesidades reales de la empresa en Colombia, que buscan de un profesional y en que se puede desempeñar, hace falta en el país mayores incentivos para generar investigación y desarrollo, los cuales son parte importante como aporte al PIB de las ciudades y del país en general.

Coinciden en requerir profesionales con mayores ventajas y capacidades de hacer, como por ejemplo el manejo de recursos de *Office* para negociaciones, modelos de decisiones y simuladores que permitan formar profesionales, para la empresa especifica en Colombia, su creación y su internacionalización. Otros autores (Neira Bermúdez, 2013) (Pardo Moreno, 2013), coinciden en que los profesionales llegan a la práctica en la empresa con capacidades limitadas de gestión, aplicación y resolución de problemas, en su mayoría son muy teóricos y no logran cumplir con las expectativas y dinámica que la empresa requiere. (Rentería Pérez, 2006) (CEPAL, 2013).

Es por esto que la educación superior debe proveer al mercado de profesionales innovadores, emprendedores, capaces de resolver problemas de su entorno, que pueda trabajar por su país y en cualquier parte del mundo. (García, 2008) y (Álvarez, 2004).

Figura 1. El reto del mercado actual.

Fuente: Elaboración propia.

Un pilotaje para un mayor manejo de las herramientas web en presencial y virtual de los estudiantes de Negocios Internacionales del Politécnico Grancolombiano

Una de las cosas importantes que se encontró cuando se realizó el sondeo para este estudio, es que los estudiantes conocen muchas herramientas y plataformas en especial de carácter social, para interactuar entre ellos, subir fotos, chatear y enviar videos y enlaces tanto por correo, como por Facebook y witter[11]. De Haro (2010) señala la importancia de

---

[11]   Este pilotaje se realizó como estudio de casos de la asignatura de Negocios y Relaciones Internacionales, en 1-2013, de las actividades realizadas tanto en

las redes sociales en espacios de aprendizaje, incluyendo igualmente la agilidad de procesos, mediante estas redes y alternativas de gestión del conocimiento, con innovación y creatividad, explorando habilidades no solo de tipo específico, sino alternativas de procesos de educación frente a las inteligencias múltiples. Otros autores concuerdan con esta tesis (Vidal, 2011) (Gómez-Domínguez, 2010).

La herramienta que se aplicó para este caso es Audacityque es una sencilla aplicación que graba audios en mp3, y estos se pueden enviar y re enviar a través de cualquier plataforma social, de tal forma que se genere una mayor interacción por parte de los estudiantes y aprovechar las alternativa web y redes sociales en beneficio de la educación. (Gómez-Domínguez, 2010). Este escenario es de gran importancia, pues el uso de las redes y las plataformas sociales en ocasiones es restringido, que bueno sería que como docentes no coartemos, sino que aprovechemos esta tecnología en beneficio de la generación de ideas y retos, todo inmerso en la disciplina y en el desempeño profesional futuro.[12]

Un gran reto para la educación moderna implica el reconocimiento de las nuevas tecnologías como parte importante de la enseñanza y como desarrollo de nuevas formas de crear, de pensar diferente; la educación como el arte es un escenario muy diverso que requiere la amplitud de la mente, crear y sin límites dejar que las ideas fluyan. Estudiosos del campo (Ibáñez, 2004) (GóMez caMpo, 2009) señalan que al interactuar a través de las TIC desde los ambientes virtuales y presenciales en la educación permea directamente el desarrollo de las competencias, el cómo enseñar, a hacer, a pensar, a emprender, es importante igualmente

---

la modalidad virtual como presencial incorporando las TIC, en función de potencializar las competencias institucionales del PEI.

[12] La herramienta moodle se usa en educación presencial en la institución, especialmente en recursos bibliográficos, contenidos, chat, foros, quices, parciales que permiten interactuar con los estudiantes de presencial en las horas no académicas, asesorándolos de manera continua.

ver cómo estas herramientas son importantes en la medida que se usen adecuadamente.

En este sentido con esta investigación se explora el tema de la formación en competencias en el programa de negocios internacionales del politécnico Grancolombiano Institución Universitaria, y se enfocó un estudio de caso para el pilotaje en la utilización de herramientas web, como parte esencial de la formación y perfil de los profesionales de negocios internacionales.

Con la herramienta audacity (Gómez-Domínguez, 2010) (Serrano, 2010) en el aula de negocios internacionales lo que quisimos fue dar un primer paso, para que las TIC se utilicen en áreas que supuestamente no requieren de tecnología; pero hoy en día la globalización tecnológica, obliga a todos a hacer parte de una comunidad de información, en la cual los padres y los docentes debemos conocer pues en ellas habitan nuestros hijos, logramos intervenir a más de cuarenta estudiantes, el método fue sencillo se realizó un curso en moodle, con silabo, con OVA, con presentaciones y un video realizado como estilo video clase, esto destinado a dos semanas y para la tercera realizar retroalimentación general, con el fin de hacer casi auto- tutoriado, para incentivar el auto estudio a través de herramientas web.

Se incentivó por medio de tareas y cuya culminación final diera como resultado una tarea de audio entregada por el estudiante y a cambio se le otorgaron 16 horas de créditos académicos, incentivando así la realización del curso, una de las cosas para sobresaltar es que el contenido de las semanas se planteó con contenidos de la misma institución, en esta ocasión se realizaron nueve audios acerca del PEI (Proyecto Educativo Institucional), generando preguntas y análisis y particularmente búsqueda de información sobre el modelo de la institución, en la tarea final los estudiantes debían contestar en audio unas preguntas relacionadas con el PEI y se realizó una discusión y apropiación de la información de manera dinámica y complementaria. (Politecnico Grancolombiano, 2011)

En este espacio se identificaron aportes interesantes como: la utilización de herramientas web para didáctica y enseñanza a través de métodos complementarios que otorguen al estudiante nuevos métodos y nuevas formas de ver la actividad y vida académica, más dinámica y práctica, menos acartonada y cuadriculada, pues no todos somos iguales y la diversidad de ideas y propuestas nos hace como seres humanos cada vez más interesantes, diferentes no repetidos e iguales, con ventajas de crecer y creer respetando las ideas de los otros, proponer y hacer, construir y aprender día a día, en fin el deleite de ser profesor, de ser estudiantes y de ser siempre humano. Este tema es ampliamente tratado por (Coll, 2008), (López, 2009), (Rivero, 1999) y (Tedesco, 2007).

Para el programa de negocios y en especial para los estudiantes dejó cosas muy interesantes: participación, apoyo entre ellos, apropiación de la tecnología para usos diversos y especialmente para aprender. El reto fue enorme pues el uso de las tecnologías en ocasiones se restringe a redes sociales y para educación en general, a pesar de su gran diversidad, es muy limitado en las aulas de clase y en general poco utilizado tanto por docentes como por estudiantes.

Dentro de los aspectos más importantes se debe resaltar que los procesos de auto aprendizaje se deben incentivar, ampliar de tal forma que el estudiante adquiera la disciplina de realizar este tipo de modalidades. Autores del campo (Kamii, 1970) (Castels, 1999) enfocan su estudio sobre el perfil frente a los retos de la globalización y la interculturalidad.

De igual manera se recomienda ampliar la cobertura y generar una cultura de auto aprendizaje más profunda al interior del aula de clase, incluyendo procesos de enseñanza- aprendizaje que formulen nuevos retos para los estudiantes, y que estas iniciativas no paren, sino que las ideas fluyan, que empecemos a pensar de manera más amplia, como lo afirma la nueva educación, donde las ideas empiecen a formar no a esquematizar, donde los escenarios de discusión sean más amplios, exista diversidad, y respeto por lo esencial en la educación que es lo humano, temas que son discutidos con mayor profundidad por muchos otros autores. (Otero, 2007), (Gutiérrez, 2005), (Cullen, 2004), entre otros.

Figura 2. Una propuesta de estudio de
competencias en el área de negocios.

**Redes de conocimiento
con estudiantes y
profesores**

**Ejercicios en el
aula (Estudios
de casos)**

Análisis y
observación

Aplicación y
desarrollo de
investigación
formativa

Fuente: Elaboración propia 2013.

La virtualidad y las competencias

El desarrollo de la virtualidad se caracteriza por la forma en que se deben manejar las competencias desde escenarios que han enmarcado la utilización de las TIC en educación, incluyendo estructuras que vinculan tanto a los docentes ahora llamados tutores, y de estudiantes. Sus características son diversas, como mundialización de la educación y la cobertura esencial de los procesos académicos a los rincones más apartados de Colombia y del mundo.

Esto incluye un proceso de reflexión y apropiación de competencias no solo hacia el estudiante sino desde el educador, de manera tal que se concrete el proceso, un docente con didáctica y pedagogía capaz de transmitir y formar por competencias. Al respecto este tema es estudiado por diferentes autores (Cano, 2005) (Brunner, 2005) (Nunan, 1993). Es una ardua labor de las universidades, pero un gran escenario para los estudiantes desde la perspectiva de calidad y pedagogía, tanto desde lo presencial como desde lo virtual.

Este tema es muy importante comúnmente se ha realizado una distinción categórica desde las dos modalidades, pero no se han visto las coincidencias que se pueden tener desde la formación por competencias.

Más aun considerando que estas son transversales en todo proceso de formación, y el hecho que sea una instrucción presencial no exime la generación de competencias desde la formación en el aula. (Politecnico Grancolombiano, 2011).

Figura 3. La formación desde escenarios

Fuente: Elaboración propia.

Los escenarios que se observan son el primer paso para lograr acercar al estudiante a la modelización de la formación por competencias y de sus herramientas lógicas para el desarrollo de lo virtual. Además permiten reflexionar sobre la instrucción y el sentido conductista, a través de herramientas adicionales que den propuestas no solo en los trabajos colaborativos, sino que se difundan a través de ejercicios *on line*, que permitan un acercamiento adicional entre el tutor y el estudiante, esto lo señalan de manera muy específica diversos autores (Iafrancesco, 2004) (Rosario, 2005) (Van der Klink, 2007).

En esta asignatura hemos logrado articular escenarios reales a través de planes de negocio en sus regiones, esencialmente para potencializar la reflexión, el emprendimiento y el liderazgo de nuestros jóvenes en modalidad virtual.

El objeto del estudio fue generar en el estudiante la posibilidad real de apropiarse de un negocio, pues debe existir ser tangible y especialmente ser PYME, grupo de empresas poco estudiadas, y altamente vulnerables en nuestro país, la metodología es guiar al estudiante desde los autores de emprendimiento y basados en los planes de negocio de exportación simple de Proexport, con asesoría constante y un excelente resultado (De Urbano, 2009) (Formichella, 2004).

En este espacio hemos avanzado ampliamente pues la plataforma es muy diversa, en este momento estamos incursionando con Twitter en el aula y se ha tenido gran acceso, se pretende adicionar Audacity y Facebook, generando no solamente desarrollo formativo, sino la canalización de redes de estudiantes que fomenten la investigación y el avance de los procesos en el área de los negocios internacionales. Algunos investigadores (Torres Carrillo, 2013) (Beke, 2013), concuerdan igualmente en la necesidad de formar, de crear redes de investigación y liderazgo con los estudiantes, de implementar alternativas didáctica para enriquecer la actividad en el aula, tanto en escenarios virtuales como presenciales.

Conclusiones.

Estas herramientas por lo general las planteamos los docentes, pero aún falta adicionarles el detalle de la instrucción y de un modelo constructivista que apoye la formación de nuestros negociadores internacionales a escenarios nuevos, que lleven la educación a la empresa y las negociaciones internacionales.

Actualmente nos encontramos ampliando la cobertura a través de un blog que está en construcción; y grupos de estudio, con los cuales nos reunimos dos veces al mes, trabajamos temáticas internacionales, especialmente sobre integración regional. Entonces establecer estos espacios, para ampliar las competencias tecnológicas, argumentativas, y comunicativas, de los estudiantes y a través de estos grupos de estudio abiertos y voluntarios, establecer un enlace maestro, estudiante que permita preguntar, construir ideas, y establecer espacios de discusión donde exista participación e inclusión a través de la formación es parte de las reflexiones obtenidas con este estudio.

Inclusión de competencias y exploración de modos de construir los negocios internacionales en este mundo cada vez más globalizado e interdependiente, con el aporte realizado como docentes hemos estructurado un grupo colaborativo importante, que vincula la educación y la formación en Negocios internacionales, en búsqueda de habilidades concretas que deriven en competencias que impliquen un perfil profesional cada vez más competitivo. (Balán, 2000) (Gibbs, 2003).

El uso alternativo de las tecnologías en escenarios virtuales y presenciales de educación puede generar un vínculo mayor entre docente-estudiante, aprovechando las habilidades generacionales y las posiciones de avance tecnológico del mundo gracias a la globalización masiva.

Los resultados han sido valiosos desde la formación con actitudes de los estudiantes de interés común, como la búsqueda el descubrimiento de nuevos enfoque e ideas, incluyendo la receptividad frente a las TIC, que se derivan del aula de clase.

Una de las cosas importantes en el proceso es el acercamiento y aprovechar estos espacios de formación, en función del aprovechamiento del tiempo, mejorar cada vez, respetar y hacer equipo para discutir, trabajar e innovar desde ideas en común.

El logro desde lo pedagógico es asumir retos nuevos que impliquen conocer, observar, investigar y dar posibilidades alternativas de ver la educación como un todo integrador, formadores de seres humanos, por seres humanos, donde el aprendizaje es colaborativo, en dinámicas asociativas que deriven en perfiles capaces, competentes, con profundidad humanista y específica, orientada desde el inicio a una formación por competencias sólida, e integrada al currículo y a la misión de la educación con sentido humano.

Bibliografía

Álvarez, R. P. (2004). Formación superior basada en competencias, interdisciplinariedad y trabajo autónomo del estudiante. *Revista Iberoamericana de Educación*, 648.

Aupetit, S. D. (2005). Internacionalización de la educación superior y provisión transnacional de servicios educativos en América Latina: del voluntarismo a las elecciones estratégicas. IESALC. *Informe sobre la educación superior en América Latina y el Caribe*.

Balán, J. &. (2000). *El sector privado de la educación superior: políticas públicas y sus resultados recientes en cinco países de América Latina*. México: Centro de Estudios de Estado y Sociedad.

Beke, R. (2013). *El discurso académico: la atribución del conocimiento en la investigación educativa*. Venezuela: Núcleo. V.20.

Brunner, J. J. (2005). Tendencias recientes de la educación superior a nivel internacional: marco para la discusión sobre procesos de aseguramiento de la calidad. *IESALC/UNESCO*.

Cano, E. (2005). Cómo mejorar las competencias de los docentes. *Educatio Siglo XXI*, 23. Barcelona.

Castañeda Quintero, L. &. (2009). Entornos e-learning para la enseñanza superior: entre lo institucional y lo personalizado. Pixel-Bit:. *Revista de medios y educación*, 175-191. España.

Castels, M. (1999). Globalización, identidad, estado. *PNUD*, 3-26. Madrid.

CEPAL, O. (2013). *Perspectivas económicas en América Latina*. Chile: CEPAL.

Coll, C. (2008). *Psicología de la educación virtual. Madrid:* Ediciones Morata.

Cullen, C. A. (2004). *Autonomía moral, participación democrática y cuidado del otro*. Bogotá: Noveduc. com.

De Haro, J. J. (2010). Redes sociales para la educación. *Ponencia Uso educativo de la TIC*, 12.

De Urbano, D. P. (2009). *Invitación al emprendimiento: una aproximación a la creación de empresas*. Catalunya: Editorial UOC. Universitat Oberta de Catalunya. (Vol. 118).

Formichella, M. M. (2004). El concepto de emprendimiento y su relación con la educación, el empleo y el desarrollo local. *Argentina. Tres arroyos*, 15.

García, M. E. (2008). La evaluación por competencias en la educación superior. Profesorado. *Revista de curriculum y formación de profesorado*, 1-16. España.

Gibbs, G. (2003). Uso estratégico de la educación en el aprendizaje. *In Evaluar en la universidad: problemas y nuevos enfoques.*, 61-74. España.

Gil, J. M. (2004). Los observatorios de la Sociedad de la Información: evaluación o política de promoción de las TIC en educación. *Revista Iberoamericana de Educación*, 37-68.

Gómez Campo, V. M. (2009). Crédito educativo, acciones afirmativas y equidad social en la educación superior en Colombia. Colombia. *Revista de Estudios Sociales*, 106-117.

Gómez-Domínguez, D. (2010). *La web social: hacia un nuevo contexto docente.* Bogotá.

Gutiérrez, G. (2005). La educación de la educación: ideas para refundar una escuela humanista. *La educación en tiempos débiles e inciertos.* 167-204. España.

Iafrancesco, G. (2004). *Currículo y plan de estudios.* Bogotá: COOP. EDITORIAL MAGISTERIO.

Ibáñez, J. S. (2004). Innovación docente y uso de las TIC en la enseñanza universitaria. *Revista de Universidad y Sociedad del Conocimiento, RUSC*, 3. España.

Kamii, C. (1970). La autonomía como finalidad de la educación. París. *UNICEF.*

López, F. J. (2009). Las Tecnologías de la Información y la Comunicación (TIC) y las competencias básicas en Educación. España. *Espiral. Cuadernos del profesorado*, 2.

Maura, V. G. (2008). Competencias genéricas y formación profesional: un análisis desde la docencia universitaria.. *Revista Iberoamericana de educación*, 185-210.

Moreira, M. (2008). Innovación pedagógica con TIC y el desarrollo de las competencias informacionales y digitales. España. *Investigación en la Escuela*, 5-18.

Neira Bermúdez, D. G. (2013). *Formación profesional en el mercado competitivo del comercio internacional.* Bogota: Uniminuto.

Nunan, D. &. (1993). *Introducing discourse analysis.* New York: Penguin English.

Otero, V. M. (2007). La buena educación: reflexiones y propuestas de psicopedagogía humanista. Barceloa: *Anthropos.*

Pardo Moreno, N. S. (2013). *Incidencia de la educación formal en el éxito profesional de gerentes de grandes empresas colombianas.* Bogotá: universidad de la Sabana.

Politecnico Grancolombiano. (2011). *PEI.* Bogotá: Politecnico Grancolombiano.

Rentería Pérez, E. &. (2006). ¿ Usted mismo sabe? O el posicionamiento profesional en el mercado de trabajo: Reflexiones desde el marketing y el comportamiento del consumidor. Colombia. *Psicología desde el Caribe,* 139-160.

Rivero, J. (1999). *Educación y exclusión en América Latina: reformas en tiempos de globalización.* Mosca Azul: Lima.

Rosario, J. (2005). La Tecnología de la Información y la Comunicación (TIC). Su uso como Herramienta para el Fortalecimiento y el Desarrollo de la Educación Virtual. *Disponible en el ARCHIVO del Observatorio para la CiberSociedad,* 17.

Santángelo, H. N. (2000). Modelos pedagógicos en los sistemas de enseñanza no presencial basados en nuevas tecnologías y redes de comunicación. R*evista Iberoamericana de Educación,* 135-162.

Serrano, J. E. (2010). Uso de Software libre para el desarrollo de contenidos educativos. *Formación universitaria,* 41-50. Colombia.

Tedesco, J. C. (2007). Los pilares de la educación del futuro. *Revista Iberoamericana de Educación,* 7.

Tobón, S. (2006). Aspectos básicos de la formación basada en competencias. *Documento de trabajo,* 1-8. Colombia.

Torres Carrillo, A. (2013). *La sistematización como investigación interpretativa crítica: entre la teoría y la práctica.* México. Revista UNAM.

Van der Klink, M. B. (2007). Competencias y forma-ción profesional superior: presente y futuro. *Revista Europea de formación profesional,* 74-91. España.

Vidal, C. E. (2011). *Actitudes y expectativas del uso educativo de las redes sociales en los alumnos universitarios.* Bogotá: MONOGRÁFICO «EL IMPACTO DE LAS REDES SOCIALES EN LA ENSEÑANZA Y EL APRENDIZAJE.

Villa, M. D. (2002). *Flexibilidad y educación superior en Colombia..* Bogotá: ICFES.

Zapata, W. A. (2005). Formación por competencias en educación superior. Una aproximación conceptual a propósito del caso colombiano. *Revista Iberoamericana de Educación*, 1.

Competencias y actividad docente en profesores de universidades públicas

Freddy Arévalo, Ángel Nava[13]

Situación y desafíos para docentes universitarios

Los docentes en educación superior (DES), se encuentran en la encrucijada de perseverar en métodos tradicionales o asumir el desafío que exigen los adelantos científico-tecnológicos. Es por ello que en las instituciones educativas se debe actuar con diligencia, a fin percibir los cambios y mantenerse en el transporte del desarrollo, pues de otro modo podríamos ser arrollados por éste. Más aún, de este modo será evidente que se ha detectado la realidad en el ámbito organizacional, al reconocer la importancia del recurso humano como riqueza fundamental para contribuir al cambio, transformación, desarrollo y crecimiento del país.

De ahí la importancia que juega el personal universitario en organizaciones educativas en campos de docencia, investigación y extensión, así como la del desarrollo humano, académico y científico, más orientado a incrementar competencias personales y profesionales, las cuales se evidencian en actitudes de motivación al logro, iniciativa, servicio al estudiante (cliente), influencia, trabajo en equipo, liderazgo,

---

[13] Freddy Arévalo Cohén, Ángel Nava Chirinos; están adscritos a República Bolivariana de Venezuela, Universidad Nacional Experimental, «Rafael María Baralt», Caracas, Venezuela.

pensamiento analítico, confianza en sí mismo y compromiso, consideradas como competencias genéricas.

Mitrani (2002) destaca que éstas van más allá de técnicas y conocimientos, para ocuparse también de atributos y motivaciones personales, que distinguen a los mejores del resto. En efecto, las organizaciones en el futuro se formarán con el recurso humano como principal capital.

Según este planteamiento, y en este orden de ideas, se puede decir que las competencias laborales se conforman por comunicación, creatividad, compromiso con el aprendizaje, visión, capacidad de dar poder o fortalecer a otros y capacidad gerencial. La integración de estos rasgos fortalece sus competencias con positiva influencia, lo que da por resultado crecer hacia una posición directiva. También, en la medida que se adquieren competencias, como conocimiento, experiencia y dominio de la tecnología educativa, será llamado a cumplir actividades docentes en su casa de estudios e invitado en otras universidades. Esto le presionará a cumplir con la investigación y extensión, considerados competencias de funciones universitarias.

Es importante destacar que estas competencias, en el contexto universitario, se convierten en activos tangibles e intangibles, y principal fuente de diferenciación en calidad docente. Esto da a las universidades renombre y son solicitadas por más estudiantes para hacer su carrera. También, por ese motivo, diferenciamos en universidades de «primera», «segunda» y hasta de «tercera», según su disposición de recurso humano competente, emblema de credibilidad y fama para la institución.

Por lo antes expuesto, consideramos que en las casas de estudios públicas —en este caso universidades del Zulia (LUZ), la Nacional Experimental «Rafael María Baralt» (UNERMB) y la Pedagógica Libertador (UPEL)— se está obligado a afrontar exigencias de la mundialización, cuyo desarrollo explosivo ha originado transformaciones económicas, sociales, culturales y políticas cada vez más aceleradas, merced al aumento en la necesidad de adaptarse a las exigencias de sociedad, medios industriales, comerciales y de servicio, cuya exigencia para las universidades desemboca en que los profesores mejoren sus competencias y se pongan a tono con las nuevas realidades, de tal forma que en ellos está la responsabilidad de transformar el perfil del pasado, en el presente y futuro.

Didriksson (2000) afirma que los factores antes citados han contribuido a modificar el perfil de las universidades e instituciones de educación superior de diferentes tipos y nivel, para impulsar y consolidar sus sectores de fortaleza, sobre todo al formar un genérico «recurso humano» y en las investigaciones experimental y aplicada, ante la perspectiva de lo que se ha dado en denominar transición hacia una sociedad del conocimiento.

Los planteamientos de este autor responden a los criterios señalados en indicadores de competencias genéricas, laborales, técnicas y de funciones universitarias. Esto permite deducir que se le da aplicabilidad, se capitaliza el conocimiento generado en investigación científica, y existe el compromiso de desarrollar innovaciones en esta área, con el propósito de responder de manera oportuna a problemas en materias social, cultural, económica e industrial.

El autor citado refiere que: «El conocimiento se expresa en las instituciones de educación superior bajo la forma de programas académicos, currículos y proyectos de investigación. La transferencia de conocimientos y tecnologías está condicionada por el modo académico de apropiación organizado en disciplinas, y por la cantidad de actores relativamente independientes que concurren a la institución universitaria, junto a una autoridad que participa a través de toda la estructura en sus diferentes formas y tipos.» (Didrikson, 2000: 63-64)

En este sentido, las organizaciones universitarias están en proceso de redefinir el currículo según perfiles de competencias, para dar respuesta eficaz a la generación de innovaciones científico-tecnológicas orientadas a transformar la información del conocimiento mediante procesos de difusión, transferencia y negociación, vía el desarrollo de competencias necesarias para satisfacer requerimientos en academia y sector productivo en el país.

Al respecto y como reafirmación, Vásquez (2005) señala un conjunto de causas que se traducen en debilidades, demostradas en el comportamiento de profesores según una encuesta, en la cual se destacó, entre otras cosas, la debilidad en competencias de necesidad para el proceso de enseñanza aprendizaje, como son influencia, liderazgo, confianza en sí mismo, compromiso con la organización (competencias genéricas); compromiso con el aprendizaje y visión (competencias laborares), e investigación y extensión (competencias de funciones universitarias). Estas debilidades propician un clima organizacional que no facilita la gestión académica exitosa.

Por tales razones, el enfoque por competencias puede ser considerado una herramienta capaz de proveer una conceptuación, un modo de hacer y un lenguaje común en el desarrollo de recursos humanos, en consonancia con la manifestación de competencia en docentes universitarios.

En efecto, en sus funciones académicas, estos deben cumplir como una red en que la docencia apoya a la investigación, para dar respuesta a las necesidades del entorno, eso que crea condiciones para producir y socializar el conocimiento mediante la extensión.

Al respecto, en el Plan de desarrollo económico y social (2001-2007: 10) se señala que es necesario elevar la calidad y eficacia en las instituciones en sus diferentes niveles y modalidades, para dar respuesta a demandas en el desarrollo del conocimiento, y ahí las universidades son responsables de su aplicación al formar profesionales con alta capacidad resolutiva.

Sin duda, la gestión del conocimiento ha sido una manera de dar respuestas a la excelencia académica y el compromiso social, en un marco de calidad formal en que se procura incorporar en docencia e investigación métodos de relevancia científica y pedagógica. Con el auge de la gerencia educativa en Venezuela —en su nuevo enfoque integral—, estas estrategias se han orientado hacia el impulso de programas y planes de trabajos bien definidos, que garanticen el éxito de la organización, independientemente de su finalidad social, educativa o empresarial, vía un manejo eficaz, tal es el caso de docentes universitarios orientados hacia metas corporativas a corto, mediano y largo plazos. De esta forma se logra competir con mayores ventajas en los mercados nacional e internacional, en la producción de conocimiento e investigación.

Sin embargo, advertimos que todavía existen organizaciones de educación superior en el sector público y privado, que mantienen y conservan sus esquemas tradicionales de evaluación del personal, ajenos a las competencias técnicas asociadas a las funciones de trabajo, y no se adecuan a las nuevas exigencias en los escenarios profesionales. De ahí que en esta investigación las competencias técnicas a estudiar sean conocimientos, experiencias e intereses tecnológicos.

Cabe destacar que las funciones académicas han sido objeto de reflexión en reuniones de currículo en universidades nacionales (2004), en las que se indagaron y explicaron qué competencias técnicas en el docente han de estar integradas para centrar la intención y visión en universidades.

Existen pues, docentes que apoyan su acción en conocimientos científicos y el abordaje teórico; otros, en la observación y experimentación; hay quienes aprovechan las experiencias, mientras que otros se enfocan en el interés tecnológico, mediante el acercamiento para motorizar logros en la condición humana de las personas. Estas estructuras deben ser aprovechadas según situaciones o condiciones presentes en la academia, a fin de elevar la capacidad de respuesta en el docente, en términos de resolución de problemas.

Como producto, es imprescindible un proceso de diagnóstico, identificación, indagación, conocimiento y análisis en competencias en el personal docente universitario, a fin de resaltarlas en su labor académica, según cuáles posea más desarrolladas como indicativo de alto rendimiento (sean competencias de logro y acción, ayuda y servicio, influencias, gerenciales, personales, centrales, gestión y conocimiento), que permitan liberar el potencial humano de alto rendimiento en sus funciones de docente universitario, en el logro de metas actuales y futuras de la institución, en la producción y desarrollo de capital humano, elementos que son bienes y servicios de calidad.

En este punto, Irigoln y Vargas (2002) señalan que no se trata de algo que una persona aprende para repetirlo después en el tiempo, dentro de las mismas coordenadas. Es un aprendizaje que constituye un capital que la persona, con todo lo que es y tiene, pone en juego al adaptarse según las circunstancias en que se encuentre. El nuevo concepto de competencias laborales abarca el desarrollo de actitudes en la persona, lo que el individuo es en su afectividad y su volición, en busca de un enfoque integrador en que la persona, desde su ser, ponga en juego todo su saber y su saber hacer.

Según Irigoln y Vargas (2002), las competencias laborales incluyen actitudes que lo hacen afectivo y el saber hacer, que al relacionarse lo ubican en un enfoque integrado. En este orden de ideas, las competencias laborales se explican a través de la comunicación, creatividad, compromiso con el aprendizaje continuo, visión, capacidad de dar poder o fortalecer a otros y capacidad gerencial en el desempeño, manifiestas en sus funcionas académicas.

En consecuencia, mediante competencias genéricas en el personal docente universitario, se procura el desarrollo del potencial en profesores y estudiantes, en términos de disposición para trabajar en equipo y cooperar, presentación del liderazgo, capacidad para resolver problemas y conseguir que adquieran conocimientos en sus actividades o tareas, observar el dominio del *locus* de control, estilos de comunicación y confianza en sí mismos.

Así, el desarrollo de competencias en profesores universitarios están declaradas en normativas y manuales de evaluación y méritos al desempeño; eso evidencia la acción integradora de docencia, investigación y extensión, lo que ha emancipado al docente del paradigma clásico universitario. Más aún, la investigación ya gana espacios con estímulos en programas de promoción al investigador que adelanta el Fonacit, por ejemplo, y en cuyas políticas actuales de investigación sobre estado proyecto destaca la oportunidad de aplicar en espacios locales y comunitarios, los hallazgos en investigación universitaria, así como la reflexión y construcción derivados de espacios docentes.

Sin embargo, en instituciones universitarias, según Daza (2004), estas funciones en la práctica se presentan aisladas, lo cual pudiera tener su razón de ser en las competencias laborales y técnicas que demanda la complejidad en las funciones académicas; eso deriva en pérdida para el compromiso con el aprendizaje continuo, el cual se ha mantenido bajo la responsabilidad de la institución universitaria y no como autocompromiso en éstas.

Esto afecta las competencias técnicas, en términos de conocimiento en gestión de funciones, experiencias obtenidas y manejo e interés tecnológico. Tampoco son aprovechadas para establecer intercambios entre docentes de una misma institución, ni en alianzas estratégicas que posibilitan intercambios con otras universidades en áreas afines.

Dentro de este marco de acción, se ha planteado en instituciones universitarias del municipio Cabimas, del estado Zulia, la necesidad de instrumentar nuevos esquemas de trabajo y formular lineamientos con base en competencias (genéricas, laborales y técnicas), que permitan conocer cuáles son los conocimientos, destrezas y habilidades que pueden incidir en el desempeño laboral docente, y cómo éstas determinan el éxito en las funciones, cuya finalidad es hacer óptima la formación profesional mediante la identificación y desarrollo de competencias claves para el espacio profesional.

Para llevar a cabo esta investigación, se plantearon diversos objetivos. En uno, general, se pretendía determinar qué competencias son requeridas en profesores para su ejercicio docente en universidades públicas. Otros, los específicos, estaban orientados hacia:

• Identificar el cumplimiento en competencias genéricas;
• Describir competencias laborales y uso de las mismas en la práctica;

- Reconocer competencias técnicas en la actividad docente;
- Indagar si el docente participa en funciones de docencia, investigación y extensión.

A continuación se citan algunos estudios realizados que apoyaron el trabajo de investigación que se llevó a cabo.

Daza (2004) hizo un trabajo titulado: «Estilos de pensamiento del docente universitario y la integración de las funciones académicas que cumple en las universidades públicas». El propósito del autor ahí fue determinar la integración de funciones universitarias a partir de estilos de pensamiento extraídos en procesos de acción en universidades públicas.

El estudio se efectuó bajo el paradigma positivista, en particular fue de tipo correlacional-descriptivo, con un diseño transeccional-correlacional. Las técnicas de recolección eran un instrumento tipo cuestionario, con dos modalidades de preguntas de selección y respuestas cerradas. El mismo fue sometido a un proceso de validez por criterio de expertos y discriminante, mediante la «T» del Student; igualmente, se le aplicó la formula de Alfa Cronbach, a fin de determinar la contabilidad, que arrojó un índice de 0.99, es decir, altamente confiable. Las técnicas de análisis de información fueron: frecuencias, porcentajes, desviación estándar, medias aritméticas para cada indicador y calificación en ellos.

Como resultado, se concluyó que existe una relación positiva medianamente favorable entre estilo de pensamiento e integración de funciones universitarias; es decir, altos niveles de integración en funciones refleja integración de estilos de pensamiento, al hacerlo situacional en el desempeño de tales funciones. Se recomendó realizar encuentros con docentes, investigadores y coordinadores, para analizar competencias profesionales y valores que favorecen la integración en funciones universitarias, según evolucionan estilos de pensamiento y su aporte a la formación de recursos humanos.

El aporte del estudio permitió analizar el impacto de la integración en funciones universitarias a las políticas actuales, lo que derivó en criterios de transformación que elevan la responsabilidad social de la universidad, al dar respuestas a necesidades en el entorno.

Durán (2004) encabezó un estudio cuyo objetivo general fue analizar competencias de evaluación requeridas en docentes en la segunda etapa de educación básica, para proponer actividades que mejoren estas habilidades. El estudio se enmarcaba dentro del tipo descriptivo, con un diseño no experimental; para tal cometido, se elaboró un instrumento de recolección de datos, un cuestionario dirigido a 42 docentes en los institutos analizados. En su validez se adoptó la técnica de juicio de expertos; asimismo, la confiabilidad pasó por la fórmula de Alpha Cronbach, con un índice resultante de 0.9; es decir, altamente confiable.

El procesamiento de resultados se sometió al método de estadística descriptiva, específicamente medidas de tendencia central y de variabilidad (promedio, desviación). Las conclusiones resultantes son que existe insuficiencia en competencias de evaluación en docentes de la segunda etapa de educación básica, situación que incide directamente en el proceso de aprendizaje, pues no se toman en consideración aspectos necesarios para el desarrollo efectivo en funciones docentes.

Asimismo, se recomendaba dar mayor importancia a la evaluación cualitativa, ya que es muy oportuna para valorar honesta, adecuadamente eventos de aprendizaje y evaluar de manera formativa, pues permite reflexionar acerca de lo que ocurre durante el proceso educativo, más allá de los exámenes.

El aporte a la investigación es que constituye un referente teórico idóneo para evaluar competencias en docentes universitarios en sus funciones académicas, en el marco de una tendencia en que se busca articular docencia con otras funciones.

En este orden de ideas, Atencio (2004), en su investigación titulada «Competencias laborales del gerente universitario de LUZ, en el marco de las nuevas tecnologías», se fijó como propósito determinar las competencias laborales en el gerente universitario. Para el estudio se instrumentó una metodología cualitativa, que de acuerdo al objetivo era mixta, descriptiva, documental, analítica y de campo, con diseño no experimental, mediante la técnica de análisis de contenido. La muestra estuvo constituida por 9 decanos y 6 directores de LUZ; la unidad de análisis eran las opiniones emitidas. Esta información se organizó en cuadros o matrices.

Ahí se pudo constatar que el gerente de LUZ está actualizado con respecto a nuevos paradigmas gerenciales, pero se debe impulsar la ética pública y su normatividad a través de un momento pedagógico.

Quedó evidente que la formación actual en el gerente de LUZ es permanente: en sus cuadros se constató un alto porcentaje con estudios formales, —maestrías, doctorados, en el ámbito gerencial y otras áreas del saber—, además se advirtieron alianzas con pensamientos complejos; pero presenta debilidades en el rubro de nuevas tecnologías. Aporta al estudio criterios para analizar competencias laborales en docentes universitarios y relacionarlas con competencias, técnicas y personales, desde un enfoque integral.

Machado (2003) trabajó una investigación denominada: «Evaluación de la articulación de las funciones académicas y la gestión administrativa de los coordinadores en el Instituto Universitario de Tecnología de Maracaibo». La idea era evaluar la articulación de funciones académicas y gestión administrativa de coordinadores en el Instituto Universitario de Tecnología de Maracaibo (IUTM).

El tipo de investigación fue descriptivo, evaluativo y de campo, con un diseño no experimental. La muestra estuvo representada por 13 coordinadores y 103 docentes del IUTM. El instrumento de recolección de datos fue el cuestionario, dirigido uno a docentes, con 37 ítems, y otro a coordinadores, con 21 ítems; ambos con tres alternativas de respuesta: (3) siempre, (2) algunas veces y (1) nunca. Los cuestionarios fueron sometidos a validación de contenido y consistencia interna, y contabilizados por medio del estadístico Alpha Cronbach, cuyo resultado fue de 0.90 para docentes y 1 para coordinadores.

El análisis de datos se hizo mediante estadística descriptiva, específicamente en frecuencia y porcentaje. Al respecto, se concluye que la gestión administrativa de coordinadores se presentó como pertinente al proyecto educativo que adelanta el IUTM, entre éstos los componentes de gestión y principios administrativos que regulan normativamente al instituto. En tal documento se recomienda crear espacios académicos entre profesores y coordinadores, a fin de analizar la manera de articular funciones de docencia, investigación y extensión, desde las unidades curriculares y proyectadas institucionalmente.

Ahora bien, el estudio nos aporta criterios para analizar nudos críticos que inhiben la articulación de funciones universitarias en un marco normativo, práctico y administrativo.

En el mismo orden, Carrasco (2003) realizó una investigación titulada: «Competencias presentes y requeridas por funciones gerenciales dentro de las nuevas realidades empresariales». El propósito fundamental era establecer el nexo entre competencias gerenciales vinculadas con las funciones básicas: planificación, organización, dirección y control en gerentes de empresas contratistas al servicio de Petróleos de Venezuela, S. A. (PDVSA) y las demandadas por las nuevas realidades empresariales.

Acto seguido, se emprendió un estudio correlacional a una población de 30 gerentes y 30 expertos en áreas gerencial y empresarial. La data se recolectó mediante aplicación de dos instrumentos. Los datos obtenidos se procesaron, interpretaron y analizaron con el uso de estadística descriptiva, media, varianza y desviación estándar, así como la construcción de dos baremos con el rango posible de valores para interpretar la media.

Los hallazgos, en primer lugar, nos advierten sobre la presencia de competencias gerenciales en estadio moderado en gerentes; en segundo lugar, su requerimiento en grado elevado a juicio de expertos; en tercer lugar, un grado de relación muy alta entre competencias gerenciales identificadas y requeridas.

Este grado de asociación significa que las competencias establecidas por la autora para funciones de planificación, organización, dirección y control son las que, a juicio de «informantes claves», necesitan en grado elevado los gerentes de unidades en estudio, con el objetivo de obtener un desempeño superior en esas funciones de mando, dado el momento de crisis y recesión por el cual atraviesa el sector y las nuevas realidades gerenciales y empresariales.

Con base en estos resultados, se elaboraron lineamientos orientados a facilitar en gerentes de unidades en estudio, la adquisición de conocimientos, habilidades, capacidades, destrezas, actitudes y aptitudes que permitan el pase al estadio siguiente, o nivel elevado de desarrollo en estas competencias gerenciales.

Esto nos permitió analizar funciones académicas, tales como docencia, investigación y extensión, así como su misión universitaria de satisfacer demandas en los contextos social y educativo.

Respecto a antecedentes vinculados con la investigación, apreciamos cómo cada uno de los autores buscaba resaltar la importancia de las competencias en el académico, asociado a las funciones que cumple en espacios universitarios, para develar en este estudio competencias genéricas, laborales y técnicas, propias de docentes universitarios, y llevadas a la práctica en su tarea magisterial, a fin de dar respuesta a los retos que establece e impone la sociedad.

Las competencias vinculan características individuales y laborales que apuntalan el desempeño para producir resultados oportunos y de calidad en las organizaciones. A este propósito, Pinto (1999: 96) define la competencia como «la capacidad para actuar con eficiencia, eficacia y satisfacción sobre algún aspecto de la realidad personal, social, natural o simbólica». Por tanto, esto deriva en una metodología con que se busca ajustar el currículo a las demandas actuales en ocupaciones, centrado en la razón de ser del profesional, la cual se opera desde un análisis funcional de la profesión.

En las competencias, según Benavides (2002: 72), se destacan «comportamientos y destrezas visibles que la persona aporta en un empleo para cumplir con sus responsabilidades de manera eficaz y satisfactoria». Es decir, se entiende como el comportamiento observable relacionado con el óptimo desempeño en el mundo laboral. Esto deja claro que en las competencias se opera vía destrezas y valores observables, relacionados directamente con acciones exitosas profesionalmente medibles.

La competencia es la capacidad en una persona para ejercer ciertas funciones; es lo que se conoce como potencial de instrucción en un desempeño. Asimismo, según Adrián (2000), aquélla se evidencia a través de conductas observables en el tiempo; es decir, se puede advertir en su comportamiento, reiteradamente y cuando es susceptible a ser medida, en términos de conocimientos, habilidades y actitudes que, al integrarse, modelan el perfil de competencias. Según estos planteamientos, se define, pues, como una característica subyacente en una persona en su puesto de trabajo.

Mediante competencias diferenciadoras podemos distinguir a un trabajador con actuación superior respecto a otro con actuación mediana. Las competencias umbral o esenciales son las que se necesitan para lograr una actuación media o mínimamente adecuada.

Más aún, las competencias umbrales, según Boyatzis (citado por Mitrani y otros, 1992: 36), «para un determinado puesto de trabajo provocan un patrón y norma para la selección de personal, para la planificación de la sucesión, para la evaluación de la actuación y para desarrollo personal.»

De igual manera, las competencias constituyen una herramienta fundamental en la transformación de instituciones educativas. Pero el concepto de competencia no es revolucionario, sino evolucionario. Su existencia podría remontarse incluso a épocas anteriores a la revolución industrial. Sin embargo, lo novedoso es la forma y propósito con que se utiliza actualmente.

Del mismo modo, en Mitrani y otros (1992) se hace referencia a que las competencias pueden consistir en motivos, rasgos de carácter, conceptos de uno mismo, actitudes o valores, contenido de conocimientos o capacidades cognoscitivas o de conducta: cualquier característica individual que se pueda medir de un modo fiable, y que se pueda demostrar la diferencia de una manera significativa entre trabajadores que mantienen un desempeño excelente, unos, del adecuado, en otros; o entre trabajadores eficaces e ineficaces.

La metodología aplicada en el presente estudio se enmarcó en un diseño de investigación, orientado al abordaje contextual-situacional del objeto en estudio, mediante sistematización de métodos, técnicas e instrumentos, con el propósito de analizar interrogantes y objetivos que dieron norte al proceso investigativo, así como la confrontación de resultados con elementos teóricos asumidos. El diseño de investigación se presenta bajo el carácter no experimental-transeccional.

La población objeto de estudio fue de tipo censal; la misma estuvo constituida en su totalidad por 1 620 docentes adscritos en dependencias de las siguientes casas de estudios públicas: Universidad del Zulia (LUZ), considerada la ciudad universitaria de Maracaibo y núcleo de Cabimas, con participación de 810 docentes; Universidad Nacional Experimental «Rafael María Baralt» (UNERMB), sede de Cabimas y Maracaibo, con 486 docentes; Universidad Pedagógica Libertador-Instituto de Mejoramiento Profesional del Magisterio (UPEL-IMPM), con 324 docentes. Todos los encuestados pertenecen a programas *de* humanidades y educación, incluidos tanto posgrados como centros e institutos *de* investigación.

Para recopilar *la* información, se seleccionó *la* técnica *de* encuesta, misma que fue aplicada vía un instrumento tipo cuestionario, estructurado con preguntas cerradas, con cuatro alternativas *de* respuesta («siempre», «casi siempre», «casi nunca» y «nunca»). Los informes recabados *en* su procesamiento, fueron organizados y codificados para *el* tratamiento estadístico, con *el* propósito *de* analizar los datos obtenidos. A continuación se describen las cuatro fases del procedimiento:

1. Organización de datos: una vez obtenidos durante *la* investigación, fueron organizados en una matriz «docente», *la* cual partió del enunciado *de* datos relacionados con *el* nombre *de* matriz, cantidad *de* docentes encuestados;

2. Codificación de datos: se asignaron valores a cada una *de* las alternativas, ubicadas *en* una escala, para categorización *de* resultados obtenidos, con relación a objetivos del estudio; al efecto se estableció el siguiente baremo.

En la tabla 1 se pueden observar escalas, categorías, valores y alternativas de frecuencia.)

Tabla 1. Escalas, categorías, valores y alternativas de frecuencia.

Escala	Categoría	Valor	Alternativa
3.25…..3.99	Suficiente	4	Siempre
2.50…..3.24	Medianamente	3	Casi siempre
1.75…..2.49	suficiente	2	Casi nunca
1.00…..1.74	Poco suficiente	1	Nunca
	Insuficiente		

Fuente: Elaboración propia.

3. Tratamiento estadístico: consiste en el cálculo de frecuencias, porcentajes y medias aritméticas (X), en atención a criterios establecidos;

4. Tratamiento de análisis: los datos se cuantificaron según el valor de alternativas en una escala del 1 al 4, y las alternativas según secuencias establecidas;

En la tabla 2 se exponen resultados del estudio efectuado en torno a competencias que poseen los docentes en dependencias académicas de las universidades públicas, seleccionadas para esta investigación.

Tabla 2. Resultados del estudio realizado en torno a
competencias que poseen docentes en dependencias
académicas de universidades públicas

Indicadores	Alternativas				
	S	CS	CN	N	TD
Competencia genérica					
Motivación al logro	68	14	10	08	100
Iniciativa	34	31	32	03	100
Servicio al cliente (estudiante)	50	0	36	14	100
Influencia	13	16	18	53	100
Trabajo en equipo	24	56	0	20	100
Liderazgo	17	16	17	50	100
Pensamiento analítico	34	19	13	34	100
Confianza en sí mismo	34	10	25	31	100
Compromiso con la organización	10	25	24	41	100
Competencias laborales					
Comunicación	34	16	15	35	100
Creatividad	47	16	19	18	100
Compromiso con el aprendizaje	16	14	20	50	100
Visión	13	15	14	58	100
Capacidad de dar poder	48	17	23	12	100
Capacidad gerencial	48	35	11	6	100
Competencias técnicas					
Conocimiento	23	47	22	8	100
Experiencia	65	20	8	7	100
Interés tecnológico	22	48	19	11	100
Competencias funciones universitarias					
Docencia	39	38	17	06	100
Investigación	9	13	35	43	100
Extensión	28	22	22	28	100

Fuente: elaboración propia.

Podemos decir que, a manera de acercamiento a las conclusiones, las competencias se establecieron como se describe a continuación:

Competencia genérica: un alto porcentaje (82%) de encuestados está motivado al logro. Invierten grandes esfuerzos en su autorrealización, utilizan su tiempo y recursos económicos para hacer estudios de cuarto y quinto niveles. Los resultados presentaron en el indicador influencia (71%) negativo, producto de la escasa interrelación entre profesor y estudiante; uno, por la superpoblación estudiantil, y también, dos, por los compromisos en profesores con otras instituciones.

Por tales motivos, se deben propiciar jornadas, talleres, mesas de trabajo, círculos de discusión y cursos, en que participen profesores y estudiantes, a fin de lograr incrementar los rubros de investigación, influencia y liderazgo. Estas actividades deben efectuarse de manera planificada y en colaboración con la comunidad universitaria, para solucionar problemas en la casa de estudios.

Competencias laborales: se observó que en el indicador «compromiso con el aprendizaje», los resultados fueron muy bajo (70%) o negativo, el cual tiene enorme relación con el indicador «influencia». Los compromisos fuera de la institución para mejorar sus ingresos hacen que el docente descuide sus funciones académicas, aunque posee un alto potencial para la gerencia (83%), que si lo utilizara asertivamente en actividades académicas, el rendimiento escolar sin duda fuese otro.

El indicador «compromiso con el aprendizaje» (70%) negativo, refleja que los profesores necesitan un desarrollo planificado, dirigido y controlado por el Departamento de recursos humanos, que financia la asistencia a actividades académicas nacionales e internacionales, que respondan al incremento en sus competencias.

Competencias técnicas: en este renglón, en la encuesta se señala que los indicadores «conocimiento», «experiencia» e «interés tecnológico» cumplen con estándares de exigencia para el ejercicio profesional.

Competencias funciones universitarias: en la encuesta se determinó que el indicador «docencia» (77%), es una disciplina que propicia el trabajo creativo, mediante procesos cognitivos para que los estudiantes construyan conocimientos desde las unidades curriculares. En cuanto a la disciplina «investigación» (22%) es preocupante, ya que los profesores no tienen hábitos al respecto; tampoco producen trabajos con aportes valiosos para el conocimiento científico.

Bibliografía

Abels, E., Jones, R., Lathman, J., Magnoni, D. y Gard, J. (2003). «Bibliotecas especializadas», por el Comité especial sobre competencias de bibliotecarios especializados. Traducido al español por Jesús Lau. Cuba.

Álvarez, J. (2000). «Un enfoque colectivo. Valores y conducta en el liderazgo gerencial», en revista *Enlace gerencial*. Vocero Corporación Grupo Químico/ Enlace Químico. Año VIII: 20: 327, año VI: 6: 347. Impresos Fanarte, Caracas, Venezuela.

Ariza, J.; Morales, A. y Morales, E. (2005). *Dirección y administración integrada de personas*. Editorial McGraw Hill, México.

Banco Mundial (2003). *Aprendizaje permanente en la economía global del conocimiento. Desafío para los países en desarrollo. Informe*. Alfaomega Grupo Editor, S.A. de C.V., Colombia.

Bolívar, A. (2000). *La evaluación de valores y aptitudes*. Ediciones Anaya, Madrid, España.

Cánquiz, L. e Inciarte, A. (2006). *Competencias genéricas como parte de los perfiles académicos profesionales*. Maracaibo, LUZ, Venezuela.

Cánquiz, L. e Inciarte, A. (2006). *Desarrollo de perfiles académico-profesionales basados en competencias*. Maracaibo, LUZ, Venezuela.

Comellas, J. (2000). «La formación de competencia del profesorado: formación continuada y nuevos retos organizativos», en revista *Educar*, 27: 87-101. España.

Delors, J. (1996). *Compendio: La educación es un tesoro. Informe de la UNESCO de la Comisión Internacional sobre la Educación para el siglo XXI*. Ediciones UNESCO, París.

Didriksson, A. (2000). *La universidad de la innovación. Una estrategia de transformación para la construcción de universidades del futuro*. UNESCO, México.

Donelly, I.; Gibson, J. e Ivancevich, J. (2000). *La nueva dirección de las empresas. De la teoría a la práctica*, vol. 2. Editorial McGraw Hill, Colombia.

Escrig, A. (2001). «Efectos de la dirección en calidad de los resultados: el papel mediador de las competencias distintivas», tesis doctoral. Universitat Jaume I., España.

Castillo, S. y Cabrerizo, J. (2005). *Formación del profesorado en educación superior. Didáctica y currículo*, vol. 1. UNED Editorial McGraw Hill, España.

García, L. (2004). «Estrategias de gestión para la capitalización del conocimiento en el contexto de la relación universidad-sector productivo», en revista *Educere, foro universitario*. Año 8: 27: 506-516, oct.-nov. y dic. Universidad de los Andes, Trujillo, Venezuela.

Gil' Adi, D. (2001). *Inteligencia emocional en práctica. Manual para el éxito personal y organizacional*. Editorial McGraw Hill, Colombia.

Coleman, D. (2005). *Inteligencia emocional en la empresa*. Editorial Vergara, Buenos Aires, Argentina.

Gordon, J. (2001). *Comportamiento organizacional*. Editorial Prentice Hall, México.

Hernández, R.; Fernández, C., y Baptista, P. (2003). *Metodología de la investigación*. Editorial McGraw Hill, México.

Le Boterf (2001). *Ingeniería de las competencias*. Ediciones Gestión 2000, Barcelona, España.

Levy-Leboyer, C. (2001). *Gestión de las competencias: cómo evaluarlas, cómo analizarlas y cómo desarrollarlas*. Editorial Gestión 2000, Barcelona, España.

Martínez, O. (2001). «Nueva economía en el marco actual del proceso de globalización de mercados». Disponible en: http://www. ges-tiondelconocimiento.com, consultado el 22 de julio de 2006.

Mejía, M. (1996). *Reconstruyendo la transformación social. Momentos sociales y educación popular*. Impreandes Presencia, S.A., Colombia.

Robbins, S. (2000). *La administración en el mundo de hoy*. Editorial Prentice Hall Hispanoamericana, México.

Romero, J. (2004). *El nuevo gerente venezolano. Una epistemología para la administración pública*. Ediciones OPSU, Caracas, Venezuela.

Tamayo y Tamayo, M. (2000). *El proceso de la investigación científica*, tercera edición. Noriega Editores, México.

UNESCO (Organización de las Naciones Unidas para la Educación, la Ciencia y la Cultura) (2001). «Ciudadanía activa. Aprendizaje permanente. La declaración de Ciudad del Cabo sobre elementos característicos de una institución de educación superior de aprendizaje permanente». Disponible en: http://www.unes co.org/education/uielnews/ct-state-ment.htm, consultado el 26 de sep. de 2006.

Vázquez, N. (2005). «Perfil basado en competencias gerenciales de los coordinadores administrativos en instituciones de educación superior», tesis para obtener doctorado en ciencias gerenciales. Universidad Dr. Rafael Belloso Chapín, Maracaibo, Venezuela.

Red independiente de investigadores en educación

Fabiola Díaz; Quito, Ecuador.

Especialista en comunicación y literatura con orientación pedagógica, tiene un máster en investigación y docencia universitaria; ejerce el magisterio en los niveles medio y superior, lo cual ha aprovechado en sus estudios sobre estructuras curriculares.

Es una académica experimentada en el campo administrativo en organización de sistemas académicos y disciplinarios, habilidades organizativas en manejo de grupos —estudiantes, docentes y padres de familia— y en tareas de alto nivel de liderazgo. Además, en sus cátedras universitarias se especializa en metodologías de investigación, análisis de textos y conocimiento de estructuras lingüísticas con alcances literarios.

Actualmente es parte de la Comisión de evaluación y acreditación institucional, en la Pontificia Universidad Católica del Ecuador, sede Quito; es catedrática en las facultades de Jurisprudencia, Economía, el Instituto de Salud Pública —ciclo de maestría— (sede Quito) y sustenta la cátedra de *currículum* y práctica social, en PUCE (sede Ambato)

fabioladiazg@gmail.com fdiaz@puce.edu.ec

Maritza Alvarado Nando; Guadalajara, México.

Es Licenciada en Educación por la Universidad Pedagógica Nacional, obtuvo el grado de Maestría en Educación por la misma Universidad. Doctora en Educación Superior por la Universidad de Guadalajara. Tiene la Especialización en el "Uso de las nuevas tecnologías" por el Instituto Latinoamericano de Comunicación Educativa (ILCE), en "Tutoría Académica" por la Asociación Nacional de Universidades e Instituciones de Educación Superior (ANUIES), y en Elaboración de Programas Virtuales (Sistema de Universidad Virtual-UdeG), así como en Psicopedagogía por la Universidad Virtual y el ILCE. Cuenta con la certificación a nivel nacional en Diseño y Elaboración de cursos (CONOCER-CENEVAL).

Es Profesora-Investigadora de la Universidad de Guadalajara. Cuenta con experiencia en la formación de recursos humanos para la investigación en las áreas de Educación, Curriculum, Evaluación institucional y de los Procesos de Enseñanza y Aprendizaje, Análisis Curricular y de la Práctica, Proyecto Escolar e Intervención Educativa así como en la Práctica Reflexiva en todos los niveles educativos.

Es asesora de cursos de metodología de la investigación, epistemología y modelos psicopedagógicos, entre otros en maestrías y doctorados. Tiene experiencia en la gestión y liderazgo de proyectos de investigación y se ha especializado en el campo de la investigación cualitativa: etnografía, investigación-acción e investigación participativa. Profesora certificada por el Programa de Mejoramiento del Profesorado (PROMEP). Es miembro del Sistema Estatal (Jalisco, México) de Investigadores y del Sistema Nacional de Investigadores. Su línea de investigación es la formación de profesores y la práctica docente. Pertenece al Consejo Mexicano de Investigación Educativa (COMIE), como socia, desde el año 1998, en el área de Actores, Sujetos y Procesos de formación. Forma parte de la Red de académicos del Instituto para el Desarrollo de la

Investigación e Innovación Educativa en Iberoamérica y pertenece a la Red Independiente de Investigadores en Educación de Latinoamérica. Es miembro de la Asociación Iberoamericana de Docencia Universitaria y de la Comunidad Latinoamericana Urdimbre Educación e Investigación con Sede en Colombia. Actualmente participa en la evaluación de programas educativos como miembro honorífico del Consejo Estatal para la Educación Superior (COEPES) en la Comisión de Educación. Es evaluadora honorífica de proyectos de investigación del CONACyT.

Tiene ocho libros publicados sobre temas referidos a la formación del profesorado, los procesos de gestión y los procesos de aprendizaje de los alumnos. Ha tenido estancias académicas en diferentes países de América Latina y en España. Sus publicaciones se centran en los resultados de más de veinte investigaciones sobre la educación, la formación del profesorado y los procesos de gestión y el aprendizaje de los alumnos.

maritza@cucs.udg.mx maritzaal@hotmail.com

Ángel Alberto Nava Chirinos; Zulia, Venezuela.

Post doctor en gerencia en las organizaciones, doctor en ciencias gerenciales, magíster en gerencia de recursos humanos y licenciado en administración. Obtuvo la mención en gerencia industrial.

Su amplia labor incluye su desempeño como tutor de tesis en pregrado, postgrado y doctorado para la Universidad Nacional Experimental Rafael María Baralt (UNERMB), Universidad Rafael Belloso Chacin (URBE), Universidad Nacional Experimental de las Fuerzas Armadas de Venezuela (UNEFA) y Universidad de los Andes (ULA).

Funge como profesor ordinario de la UNERMB, categoría asociado; también participa en el Programa de profesor investigador (PPI), coordinador en la maestría de gerencia de recursos humanos y en la de control de estudios, evaluación, programación e informática del postgrado; igualmente, se desempeñó como coordinador de evaluaciones académicas del vicerrectorado académico, en la UNERMB, donde también coordina el Cendro de estudios administrativos y políticas públicas.

Ha publicado artículos en diversas publicaciones arbitradas, como *Revista venezolana de ciencias sociales* (UNERMB), *Revista Telos* (URBE), *Revista de formación gerencial* (Núcleo LUZ-Col) y *Revista multiciencias* (Núcleo LUZ-Puntofijo).

Dicta la cátedra doctoral «formación de estrategias para el investigador» y, en la URBE, en las cátedras «conflictos y negociación», así como «gestión tecnológica». Ha sido árbitro de la *Revista científica venezolana de ciencias sociales*, *Revista Telos*, *Revista de formación gerencial* y *Revista multiciencias*.

Freddy Homero Arévalo Cohén; Zulia, Venezuela.

Es doctor en ciencias gerenciales, magíster en ciencias gerenciales de recursos humanos y magíster en docencia para la educación superior, licenciado en administración y profesor en aula.

Su labor profesional ha sido diversa, entre otros como tutor de tesis de postgrado y doctorado en la Universidad Nacional Experimental Rafael María Baralt (UNERMB), Universidad del Zulia (LUZ) y Universidad Rafael Belloso Chacin (URBE).

Dicta las cátedras de planificación y desarrollo de recursos humanos, dirección y operación de recursos humanos y prácticas simulativas. Se desempeña como coordinador y evaluador de trabajos de ascenso.

También ha publicado artículos en revistas arbitradas como *Encuentro educacional* y *Revista de ciencias sociales*.

Es profesor invitado en LUZ para la cátedra administración de organizaciones inteligentes y, en la URBE, para las cátedras doctorales de gerencia de recursos humanos y tendencias gerenciales.

Ha fungido como árbitro en *Revista científica venezolana de ciencias sociales* y facilitador en talleres y cursos de inducción en el programa de postgrado para nuevos participantes, profesores y personal administrativo en la UNERMB. Asimismo, se ha ocupado como asesor en empresas eléctricas como Enelven y Enelco, Phillips Petroleum Corporation, Ecopep y Cempez.

Ha representado a la UNERMB con ponencias internacionales en Colombia (Bogotá) y México (en Orizaba, Veracruz; León, Guanajuato, y Guadalajara, Jalisco). En su país natal, ha sostenido una presencia de ya diez años consecutivos a la Convención nacional de la Asociación venezolana para el avance de la ciencia (Asovac); y en LUZ, en las Jornadas nacionales de investigación humanísticas y educativas, XV Jornada anual de investigación y VI Jornada anual de postgrado.

Su trayectoria le ha valido honores y distinciones, entre otros la Orden mérito al trabajo en su primera clase, otorgado por la Presidencia de la república; el Reconocimiento a la labor cumplida, por UNERMB; el de Profesor meritorio nivel III, por la Comisión nacional de méritos a profesores de universidades nacionales, y el de Investigador acreditado para el programa de profesor investigador, por la UNERMB.

Ángela Julieta Mora Ramírez; Bogotá, Colombia.

Es economista por la Universidad Pedagógica y Tecnológica (Tunja), especialista en integración en el sistema internacional de la Universidad Javeriana, e investigadora y docente desde hace más de diez años. Asimismo, es fundadora de la revista electrónica *Expectativas*, en la Universidad Jorge Tadeo Lozano. Editora y gestora de revistas web, escribe para publicaciones de divulgación e indexadas, nacionales e internacionales, sobre temas pedagógicos y en su área específica de conocimiento.

Tiene una amplia experiencia en cargos directivos en empresas pública y privada en Colombia; ha fungido como consultora y conferenciante internacional, particularmente en el campo de la integración regional y apropiación de la estructura internacional en función de Pymes exportadoras.

Ha destacado como líder de grupo de la Facultad de Ciencias Administrativas y Económicas, del Politécnico Gran Colombiano, en su Gruplac de Conciencias, Colombia, y como árbitro y par en revistas indexadas nacionales.

Actualmente cursa la maestría en educación con énfasis en investigación y es coordinadora del Centro de investigación «Colombia regional y empresarial», en el Politécnico Grancolombiano.

julietamora22@hotmail.com, amoraram@poligran.edu.co; www.poligran.edu.co.

Mayte Barba Abad; Cuernavaca, México.

Es psicóloga organizacional egresada del Tecnológico de Monterrey *campus* Estado de México, con mención honorífica, e igual fue reconocida con este honor de la maestría en psicología por la Universidad Iberoamericana, donde también obtuvo su doctorado en investigación en psicología.

A lo largo de su trayectoria ha ocupado diversos cargos en la Dirección de asuntos estudiantiles, en el *campus* Estado de México, tales como directora del Programa de asesoría académica, del Departamento de orientación y del Departamento de atención a alumnos, que incluía áreas de prevención y el programa Emprendedor y liderazgo. Asimismo, fue directora de las licenciaturas en administración de empresas, en administración financiera y en negocios internacionales, en el Tecnológico de Monterrey *campus* Cuernavaca. Su labor docente abarca grados de licenciatura, maestría y Universidad Virtual en el sistema Tecnológico de Monterrey.

Igualmente, ha impartido conferencias para sectores empresariales, campesinos y rurales; además se ocupó de las direcciones de recursos humanos en Softtek Latinoamérica y de Desarrollo organizacional para desarrollo profesional empresarial. Ha sido consultora externa y capacitadora en numerosas organizaciones, entre otras Baxter, Glaxo Welcome, Ericsson, Nestlé, IBM y Sigma Alimentos, en diversas ciudades de México, Estados Unidos, Francia, Suecia, Colombia y Argentina.

Actualmente es profesora de planta en el Departamento de negocios, en el Tecnológico de Monterrey *campus* Cuernavaca, además de pertenecer a la cátedra de investigación en competencias gerenciales.

mayte.barba@itesm.mx http://www.cva.itesm.mx

Romy Angélica Díaz Fernández; Trujillo, Perú.

Es licenciada en psicología con mención organizacional y licenciada en educación en filosofía, psicología y ciencias sociales. Cursó especializaciones en el ámbito organizacional y académico en ESAN, Centrum de la Pontificia Universidad Católica del Perú y la Universidad Privada Cayetano Heredia.

Ha laborado en universidades e instituciones educativas en los campos académico y administrativo, así como en áreas de gestión de recursos humanos y como conferenciante en diversos ámbitos, nacionales e internacionales.

Es docente en talleres de habilidades gerenciales, en la Escuela de postgrado y estudios continuos de la Universidad Privada del Norte, ha sido coordinadora del área de investigación y gerente del proyecto Currículo por competencias.

Romyang@hotmail.com

Made in the USA
Monee, IL
19 May 2022